Las Profecías de NOSTRADAMUS

Las Profecías de NOSTRADAMUS

Editorial Época, S.A. de C.V.
Emperadores 185
Col. Portales
C.P. 03300, México, D.F.

Las Profecías de Nostradamus

Emperadores No. 185
C.P. 03300-México, D.F.

ISBN: 970-627-248-8

Impreso en México - *Printed in Mexico*

PRÓLOGO

EL SUEÑO PARALELO: LAS PROFECÍAS DE NOSTRADAMUS

Por: Martha Riva Palacio Obón

"El sueño de la razón produce monstruos."
—Goya

Nuestros sueños pertenecen al mundo de lo ominoso, del horror sagrado. Surgen de ese flujo primordial que arrastra la memoria entera de la humanidad. El sueño es la llave que nos permite acceder a lo que los alquimistas llamaban Alma del Mundo. Cuando la razón se duerme, los demonios se liberan. Siempre ha sido más fácil describir los tormentos del infierno que las bendiciones del paraíso.

El sueño es mensajero de la Revelación

La Clarividencia es un sueño paralelo donde —aunque aparentemente despierto— el visionario se sumerge por un segundo en el inconsciente colectivo y puede sacar fragmentos del pasado o futuro.

No es coincidencia que los Cuatro Jinetes del Apocalipsis aparezcan constantemente a lo largo de las profecías de Nostradamus. El Profeta es un hombre cuya conciencia abarcaba la comunidad entera. Su preocupación por el destino del ser humano lo conduce a pintar verbalmente cuadros desgarradores. Su misión es confrontar a sus oyentes para lograr que se cuestionen, de ahí su marcado fatalismo.

Saber es responsabilidad

La incertidumbre siempre ha sido uno de los peores tormentos para el ser humano. Los grandes visionarios surgen en los periodos más oscuros de la historia. Su origen está en tiempos turbulentos, donde el hambre, la peste y la guerra son parte de la vida diaria. Michel de Nostredame no es la excepción.

Nació el 14 de diciembre de 1503 en St. Rémi, Francia. Era el primogénito de una familia judía. Sus padres, para evitar caer en manos de la Inquisición, se vieron obligados a convertirse al Catolicismo. Aún así su hijo también fue perseguido e incluso obligado en varias ocasiones a huir. Desde pequeño, Nostradamus dedicaba la mayor parte de su tiempo al estudio. Además de aprender idiomas, matemáticas y astronomía, estudió astrología con su abuelo Jean. Después de graduarse en Artes Liberales en la Universidad de Avignon, estudió medicina en Montpellier.

Es bastante frecuente cuando se habla de este personaje, enfocarse únicamente a discutir si realmente era un profeta, dejando a un lado su historia personal. Tal vez es por ello que no se cuenta con mucha información sobre su vida. Lo cual ha sido un error porque para entender sus escritos, es necesario entender primero a Michel de Nostredame así como el siglo que le tocó vivir.

Simplemente, fue hijo de judíos conversos en una época en que se dio uno de los movimientos religiosos más importantes de la historia: La Reforma. Irónicamente, contó con la protección de la más despiadada enemiga católica de los hugonotes o protestantes: Catalina de Médicis. El siglo de este polémico visionario fue un siglo de transición entre la Edad Media y El Renacimiento. La superstición y la ciencia iban de la mano.

Cristóbal Colón, que por un lado había descubierto una nueva ruta a las Indias, en sus cartas hablaba de una probable entrada al Paraíso Terrenal.

Durante las primeras décadas del siglo XVI, tuvo lugar una de las peores epidemias de peste en Francia. En Montpellier y sus alrededores, Nostradamus tuvo éxito tratando a los pacientes afectados. Su valentía y altruismo, así como su desempeño profesional, le dieron tanta fama como sus profecías. En 1534 se casó y tuvo dos hijos.

Tras la muerte de su esposa e hijos por la peste, Nostradamus huye a Salon para evitar caer en manos de la Inquisición. Ahí conoció a su segunda esposa: Anne Ponsart Gemelle, con la que tuvo seis hijos. Durante este tiempo, inició su carrera como profeta. En 1555, a la edad de 52, escribe su primera colección de Centurias (o Siglos). A lo largo de los años siguientes continuó publicando hasta completar una colección de diez Centurias con cien textos cada una.

En 1564 fue nombrado Médico Real del Rey Carlos IX, hijo de Catalina de Médicis. Extraoficialmente, ejerció como astrólogo de la Reina Madre. El primero de julio de 1566, Nostradamus ofrece una predicción final a su confesor: "No me hallarás vivo al amanecer".

Murió esa misma noche.

Los textos rimados de Nostradamus fueron escritos principalmente en francés —aunque algunos fragmentos se encuentran en italiano, latín o griego—. Intencionalmente, su autor buscó ocultar el significado de estos versos a través de simbolismos y metáforas. Posiblemente, por temor a ser acusado de hechicería. Varios estudios han demostrado que para poder descifrar las profecías de Nostradamus, se requiere primero conocer el código que se utilizó al escribirlas. Una de las estrategias utilizadas por Nostradamus —aparentemente— es la de sustituir una letra con otra:

Un ejemplo de esto es el del texto 24 de la Centuria 2:

Bestes farouches de faim fleuves tranner,
Plus part du champ encontre Hister sera.

(Bestias furiosas de hambre ríos beber,
la mayor parte del campo estará ante Híster.)

Donde se ha interpretado que la l de Hitler fue sustituida por s.

Sin embargo, en nuestra época, tenderemos a una interpretación bastante subjetiva. Nuestra concepción del mundo y nuestra memoria histórica son distintas.

Por otro lado, la realidad siempre va a rebasar al lenguaje. El recurrir a la poesía —al arte— para expresar algo que va más allá de nosotros es bastante frecuente. Ya los poetas nahuas decían que el Flor y Canto (la poesía) era el único medio por el que podíamos comunicarnos con la divinidad. San Juan de la Cruz o Rumí recurren a la metáfora para describir sus experiencias místicas. Al igual que el libro del Apocalipsis, Las Profecías de Nostradamus intentan hablar una revelación que resulta prácticamente inexpresable en un lenguaje cotidiano.

Más allá de considerarla verídica o no, esta obra debe leerse por su valor histórico. El verdadero misterio, el de qué motivó a Michel de Nostredame a escribirla, qué fue lo que quiso ocultar y a quién, es muy posible que jamás pueda ser aclarado del todo.

CARTA DE NOSTRADAMUS A SU HIJO CÉSAR

Tu tardío nacimiento, César, hijo mío, ha hecho que yo empleara, a lo largo de continuas vigilias, mis tiempos de ocio en referir por escrito y dejarte memoria, después de mi muerte, y para el común provecho de los hombres de todo cuanto la esencia divina, mediante revoluciones astronómicas, me ha revelado. Y desde el momento en que el Dios inmortal ha querido que no hayas venido con las necesarias luces a este terreno árido, y no me refiero a tus huesos, que no están aún desarrollados, sino a tus meses que te hacen incapaz de captar en tu débil entendimiento todo cuanto me veré obligado a aclarar, una vez mis días hayan terminado: visto que no es posible dejarte por escrito lo que sería tapado por los estragos del tiempo: puesto que la palabra hereditaria de la oculta predicción pervivirá en mi cuerpo: considerando además que los designios son inciertos; y que todo lo que nos concierte está regido y gobernado por el poder inestimable de Dios, al inspirarnos no por furia, ni por linfático movimiento, sino por confirmaciones astronómicas. ***Soli numine divino afflari praefagiunt et spiritu prophetico particularia.*** Desde hace tiempo y en innumerables ocasiones, no habré predicho con mucha antelación lo que luego ha ocurrido ya en regiones particulares atribuyendo el todo ser hecho por la virtud e inspiración divinas, ya pronunciando, en otras regiones felices o siniestros acontecimientos de gran prontitud que luego han tenido efecto en todos los climas del mundo: habiendo querido callarme y dejar de poner por escrito a causa de los estragos del tiempo, y no solamente del tiempo presente, sino también de la mayor parte del futuro, el porqué los reinos, las sectas y religiones harán cambios tan opuestos; ver en cambio, diametralmente, respecto al presente, que si yo llegara a referir lo que en el porvenir será de todos aquellos del reino, secta, religión y fe, encontrarían tan mal acorde a su fantasía auricular, que llegarían a condenar lo que en los siglos venideros se conocerá ser visto y percibido. Considerando también el dicho o sentencia del verdadero Salvador. ***Nolite fanctum dare canibus, nec mittatis margaritas ante porcos, ne conculcent pedibus et conversi dirumpant vos.*** La cual ha sido la causa de trocar mi lenguaje hacia lo popular, y la de llevar mi pluma hacia el papel, luego he querido extenderme declarando para el común conocimiento, mediante cerradas y perplejas sentencias, sobre causas futuras, incluso las más urgentes y las que he percibido, alguna suerte de humana mutación que no venga a escandalizar la fragilidad auricular, y todo el conjunto escrito bajo figuras nebulosas, más que del todo profético, por cuanto que, ***Absconditi haec a sapientibus, et prudentibus, id est, potentibus et regibus, et enucleasti ea exiguis et tenuibus***; y a los Profetas quienes, por mediación de Dios inmortal y de los Ángeles buenos, han recibido el espíritu de vaticinio, por el cual ven las cosas lejanas y llegan a prever los futuros acontecimientos: puesto que nada puede rematarse sin la ayuda de aquéllos. Tan grande es su poder, su bondad para con los sujetos, que mientras permanecen en ellos, su calor y su poder profético se acerca a nosotros: como nos llega con los rayos del Sol, que vienen prestando su influjo a los cuerpos elementales, así como a los no elementales. En cuanto a nosotros, que somos humanos, con nuestro natural conocimiento, capacidad e inclinación para el ingenio, no podemos conocer nada de los secretos arcanos de Dios Creador. ***Quia non est nostrum noscere tempora, nec momenta, etc.*** Cuántas son las personas de los tiempos actuales a quienes el Dios Creador haya convertido en verdaderos personajes, al haber querido revelarles, por medio de imaginativas impresiones, algunos secretos del porvenir, acordar a la astrología judicial, como a la del pasado, cierto poder y facultad surgida en ellos mismos, como llama de fuego que aparece y que, inspirándoles, viniera a juzgar las divinas y humanas inspiraciones. Puesto que las obras divinas, que totalmente son absolutas, Dios termina por perfeccionarlas: la mediana que está entre los ángeles: la tercera que son los espíritus malos. Aquí, hijo mío, observa cómo te hablo demasiado en lenguaje oculto: pero en cuanto a los ocultos vaticinios que se reciben a través del sutil espíritu del fuego, a veces ofuscan y oscuren el humano entendimiento, como sucede cuando se contempla el más lejano de los astros. Hijo mío, aunque haya insertado el nombre de profeta, no quiero atribuirme un título de tan alta sublimidad en los tiempos de ahora: puesto que quien ***Propheta dicitur hodie, olim vocabatur videns***: porque un profeta propiamente así llamado, hijo mío, es aquel que ve cosas alejadas del conocimiento natural de toda criatura. Y llegado el caso de que al profeta, mediante la perfecta luz de la profecía, se le aparecen manifiestamente cosas divinas y cosas humanas, lo que no puede hacerse, visto que los efectos de la futura predicción se extienden muy lejos. Porque los incomprensibles secretos de Dios y la virtud que los efectúa, en su expansión, van más allá del conocimiento natural, tomando su más próximo origen del árbitro liberal, hace aparecer las causas que ellas por sí solas son incapaces de dar a conocer sus contenidos, ni por los humanos augures, ni por otro cualquier conocimiento o virtud oculta comprendida bajo la concavidad del mismo Cielo, por el hecho presente de la total eternidad, que viene en sí misma a abarcar todo el tiempo. Pero mediante cierta indivisible eternidad, a través de comiciales debates, las causas del movimiento celeste son conocidas. A fin de que lo entiendas bien, no te digo, hijo mío, que el conocimiento de esta materia no pueda aún imprimirse en tu débil cerebro, que las causas futuras muy lejanas en el tiempo no estén al alcance del conocimiento de la criatura razonable: sí son, no obstante, la criatura del alma intelectual, ciertas cosas presentes en un futuro lejano no le son ni demasiado ocultas ni demasiado evidentes: mas la perfección en las causas noticias no se puede adquirir sin la de la divina inspiración: visto que cualquier inspiración profética se recibe tomando su principal principio moviente de Dios el Creador; luego, de la hora y de la naturaleza. Porque siendo las causas indiferentes indiferentemente producidas, y las no producidas, el presagio tiene lugar donde ha sido predicho. Puesto que el entendimiento creado intelectualmente no puede ver ocultamente, a no ser por el consejo u opiniones hechos en el limbo, mediante la exigua llama en cuyo lado las causas futuras vendrán a inclinarse. Y además, hijo mío, te suplico que jamás quieras emplear tu entendimiento en tales sueños y vanidades que secan el cuerpo y llevan a perder el alma, proporcionando gran turbación a los sentidos: incluso la vanidad de la más que execrable magia reprobada antaño por las sagradas escrituras y por los divinos cánones, a la cabeza de los cuales viene exceptuando el juicio de la Astrología indicial: por la cual y mediante la inspiración y la revelación divina mediante continuadas supuraciones, hemos redactado nuestras profecías por escrito. Y para que esta oculta Filosofía no fuera reprobada, no haya querido jamás presentar sus desenfrenadas persuasiones, cuantos muchos volúmenes que han estado escondidos a lo largo de los siglos me han sido manifestados. Mas, temiendo lo que acontecería, he hecho don de los mismos a Vulcano quien, mientras estaba devorándolos, las llamas lamiendo el aire producían cierta claridad insólita, más clara y diáfana que la llama natural, como luz de fuegos fulgurantes, iluminando de repente la casa, como si ésta se hallase en súbita conflagración. Por lo cual, a fin de que el día de mañana no os llamaseis a engaño al escrutar su perfecta y solitaria transformación, bajo tierra de metales incorruptibles y de ondas ocultas, lo he convertido en cenizas. Pero en cuanto al juicio que acaba de rematarse, mediante el juicio celeste, esto te quiero manifestar: por lo cual ten conocimiento de las causas futuras, rechazando muy a lo lejos las fantásticas imaginaciones que se presentarán limitando la particularidad de los lugares por divina inspiración sobrenatural: acordando a las celestes figuras, los lugares, y una parte del tiempo de propiedad oculta por traducir, poder, y facultad divina, en presencia de la cual los tres tiempos están comprendidos por eternidad, revolución tendiendo a la causa pasada, presente y futura: ***quia omnia***

sunt nuda et aperta, etc. Por todo lo cual, hijo mío, a pesar de tu tierno cerebro, puedes fácilmente comprender que las cosas que tienen que ocurrir, se pueden profetizar mediante los nocturnos y celestes luceros, que son naturales, y por el espíritu de profecía: no es que yo quiera atribuirme nominación ni efecto profético, sino que me proviene por revelada inspiración, como hombre mortal, no menos alejado de sentido en el Cielo que de los pies en la tierra. ***Possum non errare, fallí, decipi***, soy un pecador mayor que nadie en este mundo, sujeto a toda suerte de humanas aflicciones. Mas, he aquí, que después de largos y prolijos cálculos, convirtiendo los estudios nocturnos en suave fragancia, he compuesto Libros de profecías conteniendo cada uno de ellos cien textos astronómicos de profecías, los cuales, adrede, he querido ensamblar un tanto oscuramente: y son perpetuos vaticinios, a partir de ahora hasta el año 3797. Es posible que muchos no tengan la necesaria paciencia, al ver tan larga extensión. No obstante, todas ellas tendrán efecto en el tiempo de la duración del reino de la Luna. Si alcanzas la edad natural y humana, verás junto a tu tierra, en el propio Cielo de tu natividad, prever los futuros advenimientos. Porque si dios Eterno es el único que conoce la eternidad que de Él procede, aquellos a quienes su infinita bondad ha querido revelar los futuros acontecimientos, con una verdadera inspiración, pueden conocer las dos principales causas que han de ser comprendidas por la inteligencia de quien profetiza. Una de ellas es la inspiración de una luz sobrenatural que penetra e ilustra la inteligencia; la otra es una consideración puramente racional sobre la doctrina de los astros, que profetiza bajo el efecto de la revelación recibida de Dios. Gracias a esta inspiración revelada, el profeta es capaz de juzgarlo todo y comprende que este espíritu divino le ha sido otorgado por el Creador por medio de una sugestión natural. Él sabe entonces que aquello que predice es verdadero, y que tiene su origen en el Cielo y, al igual que la luz y la llamita, es eficaz y no puede en manera alguna sobrepujarse. Su dignidad aparece indudable como la dignidad de la luz natural que ilumina a los filósofos dándoles plena seguridad; gracias a ella han llegado, partiendo del principio de la causa primera, a los más profundos abismos de las más elevadas doctrinas. Mas, a este fin, hijo mío, no voy a divagar demasiado profundamente para la futura capacidad de tu caletre, y además, porque me parece que estos escritos causarán gran sensación y que encuentro que, antes de la gran conflagración universal, se producirán tal cantidad de diluvios y grandes inundaciones que no quedarán muchos territorios sin estar cubiertos por el agua: y durará todo ello tanto tiempo que, a excepción de quienes vivan en el mar o en la montaña, todos, absolutamente todos perecerán: asimismo, antes y después de tales inundaciones, en muchas regiones, las lluvias serán tan exiguas y caerán del cielo tantas cantidades de fuego y piedras al rojo vivo, que todo quedará consumido, reducido a la nada: todo esto sucederá en breve y antes de la última conflagración: ya que, si bien el planeta Marte rematará su ciclo, no sabemos si lo emprenderá de nuevo al final de su último periodo, porque entonces quedarán reunidos los distintos planetas, unos en Acuario por muchos años y otros en Cáncer durante un tiempo mucho más largo y continuado. Ahora estamos siendo conducidos por la Luna, mediante el absoluto y total poder de Dios eterno, y cuando ella haya completado su ciclo entero, vendrá el Sol, y luego Saturno. Porque, según los signos celestes, el reino de Saturno será aquel durante el cual el mundo se aproximará a la revolución. Dentro de ciento setenta y siente años, tres meses y once días, a contar de la fecha en que esto escribo, el mundo, antes y después del término que he fijado, debido a graves pestilencias, grandes carestías y guerras, así como terribles y trágicas inundaciones, estará hasta tal punto diezmado y quedarán tan pocos hombres sobre la tierra, que no se encontrarán brazos suficientes para cultivar los campos. Éstos, en vez de producir sus frutos como antes, quedarán completamente yermos y desolados. Observa aquí todo cuanto puede verse en los movimientos celestes: actualmente estamos en el séptimo millar en el cual todo tiene su fin, y nos acercamos al octavo, donde está el firmamento de la octava esfera, que se encuentra en dimensión latitudinal, donde el gran Dios eterno vendrá a rematar la revolución. Entonces las imágenes celestes volverán a moverse, y el movimiento superior, que hace que la Tierra sea estable y firme, no se inclinará por los siglos de los siglos, según reza la cita: ***non inclinabitur in saeculum saeculi.*** Esto es lo que se cumplirá, y no de otra forma, por la voluntad de Dios, a pesar de las muchas y ambiguas opiniones de gente influenciada por sueños mahometanos que exceden a toda razón natural; y, además, algunas veces ocurre que el Dios Creador, por medio de los ministros de sus mensajeros ígneos, tal cual una llama misiva, viene a proponer a nuestros sentidos exteriores, inclusive a nuestros ojos, las causas de futura predicción, para que aquel a quien ha querido Dios manifestárselas pueda, a su vez, dar a ellos testimonio y presagio. Porque todo presagio que se hace con la luz exterior viene indefectiblemente a formar parte, conjuntamente y mediante la luz exterior, de esta visión que se ha tenido. Sin embargo, esta parte que parece haber tenido la visión, y que ha permitido fuese comprendida, no es en realidad sino la impresión recibida del espíritu, emanación de la divinidad. Es gracias a ella que un espíritu angélico inspira al hombre que profetiza: es ella también la que da forma a su fantasía en diversas apariciones nocturnas. En cuanto a la certeza que luego le darán los cálculos astronómicos hechos durante el día, él ha de ponerla en armonía con las santas predicciones del futuro, puesto que los cálculos astronómicos solamente proceden del libre albedrío. Observa, hijo mío, lo que yo encuentro con mis revoluciones, que están acordes con una revelada inspiración: que la espada mortal que nos amenaza se aproxima a nosotros en forma inexorable, expresada con pestes y guerras, guerras más horribles que las que tres generaciones juntas hayan podido ver; y muchas carestías caerán como plagas sobre la tierra, repitiéndose todo ello muy a menudo: puesto que los Astros se acuerdan con estas periódicas revoluciones, y además se ha dicho: ***Visitabo in***

virga ferrea iniquitates eorum, et in verberibus percutiam eos, porque la misericordia de Dios no se esparcirá más sobre los hombres durante el tiempo que transcurra antes de que la mayor parte de mis Profecías se hayan realizado y sean consumadas por los efectos de su cumplimiento. Entonces, muchas veces, durante este tiempo de siniestras tormentas que estamos corriendo, ***Conteram ego***, dirá el Señor, ***et confrigam, et non miserebor***, y, además, otros millares de adventos ocurrirán en forma de inundaciones y continuadas lluvias, tal como ya he redactado en prosa y más detalladamente en otras Profecías mías, ***in soluta oratione***, limitando los lugares, los tiempos y el término prefijado en el que los humanos que vendrán después podrán ver y conocer los acaecimientos advenidos infaliblemente. También tendrán noticia de los que quedan por cumplir, pues los he indicado con toda claridad. Entonces las inteligencias comprenderán bajo el cielo y rigiéndose por el mismo: pero, sólo cuando vendrá el tiempo en que la ignorancia sea desterrada, el sentido de mis predicciones será cada vez más diáfano: ***sed quando submovenda erit ignorantia***. Acabo ya, hijo mío, y toma pues este presente de tu padre Michel de Nostredame, esperando que puedas dilucidar el alcance de cada profecía contenida en cada uno de estos textos. Rogando, al mismo tiempo, al Dios Inmortal que quiera concederte larga vida, en buena y próspera felicidad.

En Salon, primero de marzo de 1555.

CENTURIAS

CENTURIA PRIMERA

I

Estando de noche sentado en mi secreto estudio, solo, reposado en la silla de bronce: la débil llama que brota de la soledad, hace lograr lo que no debe tomarse en vano.

II

Varilla en mano puesto en medio de Branco moldea de la llama el borde y el pie: un temor y una voz se agitan entre los débiles: esplendor divino. Cerca se asienta Dios.

III

Cuando la litera volcada por el torbellino, y los rostros estén cubiertos por sus mantos, la República vejada por nuevas gentes, entonces blancos y rojos juzgarán al revés.

IV

Por el universo será hecho un monarca que en paz y vida no será largo tiempo: entonces se perderá la pescadora barca. Será regida en más grande detrimento.

V

Serán elegidas para hacer largo combate, serán mayormente hostigadas por el país: Burgo y ciudad tendrán el más largo debate, Carcasona y Narbona tendrán el corazón probado.

VI

El ojo de Rávena será destituido cuando fallen las alas a sus pies: los dos de Bresse habrán constituido, Turín, Vercelli que los galos pisotearán.

VII

Llegado tarde, la ejecución consumada, el viento contrario, cartas recogidas en el camino: los conjurados XIII de una secta, gracias a Rousseau reparad los proyectos.

VIII

Cuántas veces será tomada la ciudad del sol sustituyendo las leyes bárbaras y vanas: tu mal se acerca. Aún más será tributaria. La gran Hadria recorrerá tus venas.

IX

Vendrá el espíritu púnico desde Oriente a hostigar a Hadria y a los herederos de Rómulo, acompañado de la flota líbica. Temblarán los malteses y las saqueadas próximas islas.

X

Serpientes transmitidas en la jaula de hierro, donde los hijos séptimos del rey están enterrados, los viejos y los padres saldrán de debajo de las tumbas, antes de morir ver el fruto muerto y grita.

XI

El movimiento de los sentidos, corazón, pies y manos, estarán de acuerdo Nápoles, Lyon, Sicilia. Espadas, fuegos, aguas a los nobles romanos más tarde. Herid, matad, muertos por débil mente.

XII

En poco dirá la poderosa y frágil hoz, de abajo hacia arriba prontamente levantada. Luego en instancia desleal y débil, quien de Verona tendrá gobierno.

XIII

Los exiliados con ira, odio interno, prepararán contra el rey gran conjura: en secreto conseguirán enemigos por la expresión, y sus ancianos en sedición contra ellos.

XIV

Canciones, cantos y requerimientos de esclavos, cautivos por príncipes y señores en las prisiones: en el futuro por idiotas sin cabezas, serán recibidos con divinas oraciones.

XV

Marte nos amenaza por la fuerza bélica. Setenta veces derramará la sangre: auge y ruina del Eclesiástico, y más aquellos que de ellos nada querrán escuchar.

XVI

La hoz en el estanque unida hacia Sagitario, cuando su mayor auge de exaltación. Peste, hambre, muerte de mano militar. El siglo se acerca a la renovación.

XVII

Por cuarenta años el Iris no aparecerá. Por cuarenta años todos los días será visto: la tierra árida en sequedad aumentará, y gran diluvio cuando será percibido.

XVIII

Por la discordia negligencia de los galos estará abierto el paso a Mohamed: empapada de sangre la tierra y el mar Senense, el puerto Focense cubierto de velas y naves.

XIX

Cuando vengan serpientes a circundar el altar, la sangre troyana vejada por las Españas: por ellos serán dañados un gran número. Jefe huye, escondido en estanques entre las cañas.

XX

Tours, Orleáns, Angers, Reims y Nantes, ciudades vejadas por súbito cambio. Tiendas serán levantadas por lenguas extrañas, ríos, dársenas, Rennes, tierra y mar temblarán.

XXI

Profunda arcilla blanca nutre la roca, que de un abismo surgirá lacticinosa. Los perturbados en vano no la osarán tocar, ignorando la existencia en el fondo de tierra arcillosa.

XXII

Lo que vivirá sin sentido alguno, vendrá a dañar a muerte su artificio, Autun, Chalons, Langres y los dos Sens. El granizo y el hielo causarán gran daño.

XXIII

En el tercer mes y levantándose el Sol, jabalí, leopardo, al campo de Marte para combatir. El leopardo cansado dirige al cielo su mirada. Un águila ve volar alrededor del Sol.

XXIV

Para condenar una nueva ciudad, pensativo, el ave de presa se ofrece al cielo: después de la victoria perdonar a cautivos, Cremona y Mantua grandes males habrán sufrido.

XXV

Perdido, encontrado, escondido tanto tiempo, será honrado pastor semidiós: antes que la Luna termine su gran ciclo, por otros vientos será deshonrado.

XXVI

El gran rayo cae en hora diurna. Y el mal fue predicho por un portador postulario: el siguiente presagio cae en hora nocturna, conflagrando Reims, Londres; Etruria apestada.

XXVII

Por debajo de sierra Guayana golpeada por el cielo, está escondido el tesoro no lejos de allá, que después de muchos años aún sigue intacto. Morirá quien lo hallare, el ojo atravesado por el resorte.

XXVIII

La torre de Boucq temerá el azote bárbaro, un tiempo, mucho tiempo después la barca hespérica. Ganado, gente, muebles, los dos harán gran daño. Tauro y Libra, ¿qué mortal lanza?

XXIX

Cuando el pez terrestre y acuático sea puesto en la grava por una vaga fuerza, su extraña forma, suave y terrorífica. Por mar a los muros muy pronto los enemigos.

XXX

La nave extraña por la tormenta marina abordará cerca de puerto desconocido: no obstante, signos de rama de palmera después de la muerte recibe advertencia llegada tarde.

XXXI

Durarán tantos años las guerras en la Galia, más allá de la carrera del Castullón monarca: coronarán tres grandes en victoria incierta, águilas, gallo, Luna, león, Sol en marca.

XXXII

El Gran Imperio será pronto trasladado a un lugar pequeño que temprano crecerá, lugar bien ínfimo de débil condado, donde en el centro colocará su cetro.

XXXIII

Cerca de un gran puente de una espaciosa planicie, el gran león por fuerzas del César, hará abatir fuera de la rigurosa ciudad. Por temor las puertas le serán cerradas.

XXXIV

El ave de presa volando hacia la ventana, antes del conflicto causa a los franceses orgullo. Uno bueno tomará, el otro ambiguo siniestro: la parte débil tendrá por buen augurio.

XXXV

El joven león sobrepasará al viejo, en campo de batalla por duelo singular. En jaula de oro los ojos le sacará. Dos clases una después morir con muerte cruel.

XXXVI

El monarca se arrepentirá tarde, de no haber dado muerte a su adversario, pero consentirá mucho más, que toda su sangre por muerte hará deshacer.

XXXVII

Un poco antes de que el Sol se esconda dado el conflicto, gran pueblo dudoso. Oíd. El puerto marino no da respuesta. Puente y sepulcro en dos extraños lugares.

XXXVIII

El sol y el águila se aparecerán al victorioso, se le asegura la respuesta vana al vencido. Los arneses no se detendrán con cuerpos ni con gritos. Perdida la paz, con la muerte se acaba a tiempo.

XXXIX

De noche en la cama el supremo estrangulado por haberse quedado demasiado el rubio elegido, por tres el imperio sustituido exhausto. Dar muerte en carta y paquete no leído.

XL

Simulando locura, la falsa tromba hará un cambio de leyes en Bizancio, surgirá de Egipto quien desea se la desligue. Edicto cambiando moneda y quilates

XLI

La ciudad sitiada es de noche asaltada. Pocos escapados, no lejos del mar conflicto. Ramera debilitada por el retorno del hijo. Veneno y cartas escondidas en la plica.

XLII

La décima calenda de abril del hecho gótico, aún resucitada por gente perversa. El fuego apagado, diabólica asamblea, buscando los huesos de Amant y Pslein.

XLIII

Antes de que llegue el cambio de imperio ocurrirá algo maravilloso. El campo mudo, el depredador de Porfirio. Mandado, sustituido sobre las rocas en conflicto.

XLIV

En breve estarán de vuelta los sacrificios. Los opositores serán martirizados; no habrán más monjas, abades ni novicios. La miel será mucho más cara que la cera.

XLV

Sector de sectas gran pena al delator. Bestia en teatro, dispuesto el juego escénico. Del hecho antiguo ennoblecido el inventor. Por sectas el mundo confuso y cismático.

XLVI

Cerca de Aux, de Lestors y Miranda, gran fuego del cielo en tres noches caerá: sucederá una bien estupenda y admirable causa. Bien poco después la tierra temblará.

XLVII

Del lago Lemán los sermones enojarán. Los días serán convertidos en semanas, luego en meses, luego en años; después todos desfallecerán. Los magistrados condenarán sus leyes vanas.

XLVIII

Pasados veinte años del reino de la Luna, siete mil años otro tendrá su monarquía: cuando el Sol coja sus días de infortunio, entonces, cumplida y consumada mi profecía.

XLIX

Mucho antes de tales intrigas, los de Oriente por la virtud lunar: el año mil setecientos harán grandes transformaciones, subyugando casi el rincón Aquilonar.

L

Nacerá de la acuática triplicidad, de uno que hará el jueves su fiesta: su fama, loor, reino, su poder crecerá. Por tierra y mar a los Orientes tempestad.

LI

Jefes de Aries, Júpiter y Saturno, Dios eterno, ¿qué mutaciones? Después, por largo tiempo, su malvada época regresa. Galia e Italia, ¿qué emociones?

LII

Los dos perversos de Escorpión juntos. El gran señor muerto en la sala: peste en la Iglesia a causa del nuevo rey ungido. La Europa baja y la Septentrional.

LIII

Cuando se vea un gran pueblo atormentado, y la ley santa en total ruina, por todas otras leyes la Cristiandad, cuando de oro y de plata halle nueva mina.

LIV

Dos revueltas provocadas por el maligno segador, de reino y siglos hace mutación: el móvil símbolo en su lugar se inserta, a los dos iguales y de inclinación.

LV

Bajo el opuesto clima babilónico, grande será la efusión de sangre, tierra y mar, aire, cielo será inicuo. Sectas, hambre, reinos, pestes, confusión.

LVI

Vosotros veréis tarde o temprano hacer un gran cambio, horrores extremos y venganzas, que si la Luna conducida por su ángel, el cielo se acerca a las inclinaciones.

LVII

Por gran discordia la tromba temblará, acuerdo roto levantando la cabeza al cielo, boca sangrante en la sangre nadará. A1 suelo la cara ungida de leche y miel.

LVIII

Abierto el vientre, nacerá con dos cabezas y cuatro brazos, ¿cuántos años enteros vivirá? Día en que Aquiles celebrará sus fiestas, Fossen, Turín, el jefe Ferrara seguirá.

LIX

Los exiliados deportados a las islas, al cambio de un más cruel monarca, serán muertos y quemados en las piras, los que al hablar no hayan sido moderados.

LX

Un emperador nacerá cerca de Italia, que al imperio costará muy caro, dirán con qué gentes se alía, y se le encontrará menos príncipe que carnicero.

LXI

La república miserable infeliz, será devastada por el nuevo magistrado, su gran montón del maléfico exilio, hará a Suevia dejar su gran contrato.

LXII

La gran pérdida que harán las castas antes que el cielo de Latona sea perfecto, hubo un gran diluvio más por ignorantes cetros que por largo tiempo no se verá rehecho.

LXIII

Azotes pasados, disminuido el mundo, largo tiempo en paz, tierras inhabitadas, hermana que marchará por cielo, tierras y onda, después de nuevo suscitadas guerras.

LXIV

De noche, el Sol pensarán haber visto cuando se verá el cerdo semihombre. Ruido, canto, batalla en el cielo batir apercibido, y bestias brutas se oirán hablar.

LXV

Niños sin manos, jamás visto tan grande locura, el niño real herido en el juego de bolos, en el pozo yendo a triturar rotos y fulgurados tres partidos por el medio con las cadenas.

LXVI

Aquel que entonces llevará las noticias, después del primero, vendrá a respirar, Viviers, Hournon, Montferrant y Pradelles, granizo y tempestad lo harán suspirar.

LXVII

La gran hambre que siento acercarse, a menudo vagará, luego será universal, tan grande y duradera será que llegará a arrancar del bosque la raíz y del pecho el niño.

LXVIII

¡Oh, qué horrible y maldito tormento! Tres inocentes que serán condenados, sospechoso veneno, mal vigilada traición, puestos en horror por ebrios verdugos.

LXIX

El gran monte redondo de siete estadios, después de la paz, guerra, hambre, inundación, rodará lejos cubriendo grandes comarcas, aún antiguas y de gran fundación.

LXX

Lluvia, hambre, guerra en Persia no acabada, la fe demasiado grande traicionará al monarca: por el fin en la Galia iniciada, secreto augurio para una corta existencia.

LXXI

La Torre Marina tres veces tomada y reconquistada, por españoles, bárbaros, ligures: Marsella y Aix, Arlés por los de Pisa, pillaje, fuego, hierro, Aviñón ultrajada por los turineses.

LXXII

Los habitantes de Marsella cambiados del todo, carrera y persecución hasta cerca de Lyon, Narbona, Tolosa, por Burdeos ultrajadas, muertos cautivos casi un millón.

LXXIII

Francia, por negligencia, con cinco partes asediada, Túnez y Argel acometidas por persas: León, Sevilla y Barcelona caídas, no habrá flota de los venecianos.

LXXIV

Después de su estancia navegarán hacia Epiro, el gran socorro vendrá de Antíoco: el negro pelo rizado tendrá fuerte el imperio, barba de bronce se asará en el espetón.

LXXV

El tirano Siena ocupará Narbona, el fuerte ganador tendrá flota: las dos armadas por la Marca de Ancona, por temor el jefe se examina.

LXXVI

Será proferido un nombre tan temido, que las tres hermanas habrán formulado el nombre: después un gran pueblo por lengua y hechos dirá, más que cualquier otro, fama y renombre tendrá.

LXXVII

Elevará un promontorio entre dos mares, que después morirá por mordedura de caballo: el suyo Neptuno plegará vela negra, por Calpre y flota cerca de Rocheval.

LXXVIII

De un viejo nacerá mente estúpida, degenerada por saber y por armas: el jefe de Francia temido por su hermana. Campos divididos entregados a la gente de armas.

LXXIX

Baza, Leçtore, Condon, Ausch, Agine, hartos por todas las leyes, querella y monopolio: porque Bourd, Tolosa Bay convertirá en ruinas, renovar queriendo su tauropolio.

LXXX

De la sexta claro esplendor celeste, vendrá a tronar tan fuerte en la Borgoña, después nacerá un monstruo de bestia muy odiosa, marzo, abril, mayo, junio gran esqueleto y roña.

LXXXI

De la sociedad humana nueve serán puestos aparte por juicio y consejo separados, su fuerza será dividida en partes, Kappa, Thita, Lambda muertos exiliados dispersos.

LXXXII

Cuando las columnas de madera sufran un gran temblor, de Austere conducida, cubierta de adornos, tanto se vaciará hacia afuera la gran asamblea, temblar Viena y el país de Austria.

LXXXIII

Los extraños verán botines, Saturno en Marte su mirada furiosa, horrible estrago a los toscanos y latinos, griegos que estarán deseosos de herir.

LXXXIV

Luna oscurecida a las profundas tinieblas, su hermano pasa de color ferruginoso, el gran escondido largo tiempo bajo las tinieblas, calentará hierro en la sanguínea presa.

LXXXV

Turbado el rey por la respuesta de la dama, los embajadores menospreciarán su vida, la grande a sus hermanos maquinará astuta por dos morirán ira, odio y envidia.

LXXXVI

La gran reina cuando se vea vencida, hará exceso de masculino coraje, sobre un caballo pasará el río completamente desnuda, seguida por el hierro, a la fe hará ultraje.

LXXXVII

En el fuego del centro de la tierra, hará temblar alrededor nueva ciudad, dos grandes rocas por mucho tiempo harán la guerra, después Aretusa enrojecerá de nuevo el río.

LXXXVIII

El mal divino sorprenderá al gran príncipe, un poco antes habrá desposado mujer. Su apoyo y crédito será en un momento pequeño, Consejo morirá por la cabeza rapada.

LXXXIX

Todos los de Ilerda estarán en el Mosela dando muerte a los del Loira y el Sena, el curso marino vendrá cerca de la alta vela, cuando los españoles abrirán toda vena.

XC

Burdeos, Poitiers, al son de campaña, en gran ejército irán hasta el Angón, contra los galos será su tramontana, cuando el odioso monstruo nacerá cerca de Orgón.

XCI

Los dioses se aparecerán a los humanos, que serán autores de un gran conflicto, antes, visto el cielo sereno, espada y lanza, que en la mano izquierda será más grande la aflicción.

XCII

Con uno, la paz será por todas partes aclamada, pero no mucho tiempo saqueo y rebelión, por rechazo ciudad, mar y tierra empequeñecidas, muertos y cautivos el tercio de un millón.

XCIII

La tierra itálica cerca de los montes temblará, Lyon y Coq, no muy confederados, en lugar de miedo el uno al otro se ayudarán, sólo Catulón y celtas moderados.

XCIV

En el puerto Selín el tirano ha muerto la libertad no por eso recobrada: el nuevo Marte por venganza y remordimiento, dama por fuerza de horror honrada.

XCV

Ante Moustier encontrado niño gemelo, de heroica sangre de monje vetusto: su fama por secta, lengua y potente sonido, que se diría muy educado el rapaz.

XCVI

Aquel que tendrá la orden de destruir templos y sectas, cambiado por fantasía: más a las piedras que a los vivos maltratarán, por lengua adornada de orejas recogidas.

XCVII

Lo que hierro, llama no supo concluir, la lengua dulce al consejo vendrá a hacer: por reposo, sueño, el rey hará soñar más el enemigo en fuego, sangre militar.

XCVIII

El jefe que habrá conducido al pueblo infinito lejos de su cielo, de costumbres y lengua extraños. Cinco mil en Creta y Tesalia terminada, el jefe fugitivo, salvado en la cabaña marina.

XCIX

El gran monarca que hará compañía con dos reyes unidos por amistad: ¡oh, qué suspiro hará la gran mesnada! Hijos de Narbona alrededor, ¡qué piedad!

C

Mucho tiempo será visto en el cielo pájaro gris, cerca de Dole y de la tierra Toscana: con una rama verde en el pico morirá pronto y terminará la guerra.

CENTURIA SEGUNDA

I

Hacia Aquitania por las Islas Británicas, desde ellas mismas grandes incursiones: lluvias heladas harán inicuas las tierras, Puerto Selín realizará grandes invasiones.

II

La cabeza azul hará la cabeza blanca. Tanto mal que Francia no haga su bien: muerto en la Antena, gran colgado bajo la rama, cuando preso por los suyos el rey dirá cuántos.

III

Por el calor del sol bajo el mar los peces de Negroponte medio cocidos, los habitantes irán a cortar cuando Rhod y Gennes necesitarán el bizcocho.

IV

Desde Mónaco hasta cerca de Sicilia, toda la playa quedará desolada, no habrá barrio, ciudad ni villa, que por los bárbaros no sea robada y saqueada.

V

Cuando en el pez, hierro y carta cerrada, afuera saldrá quien después hará la guerra, tendrá en el mar su flota bien dirigida, apareciendo cerca de tierra latina.

VI

Cerca de las puertas y dentro de dos ciudades habrán azotes como nunca se vieron, hambre, dentro la peste, por el hierro gente expulsada, pedir socorro al gran Dios inmortal.

VII

Entre varios a las islas deportados, uno habiendo nacido con los dientes en la garganta: morirán de hambre los árboles sacudidos, por ellos un nuevo rey, nuevo edicto se forja.

VIII

Templos sagrados al primitivo estilo romano rechazarán la base de los fundamentos, cogiendo sus leyes primeras y humanas, censurando, no del todo, los cultos de los santos.

IX

Durante nueve años el débil reino en paz quedará, después estallará en sed tan sanguinaria, que por el gran pueblo sin fe ni ley morirá, muerto por uno mucho más benévolo.

X

En poco tiempo todo se arreglará, nosotros esperamos un siglo bien siniestro: el estado de máscaras y de solitarios cambiado; poco encontrarán que a su rango quieran ser.

XI

Vendrá el próximo hijo del mayor tan elevado hasta el reino de los fuertes: su áspera gloria cada uno la temerá, pero sus hijos del reino echados fuera.

XII

Los ojos cerrados, abiertos a la antigua fantasía, el hábito de los solitarios será reducido a la nada: el gran monarca castigará su frenesí. Ante todo, robar el tesoro de los templos.

XIII

El cuerpo sin alma no está más en sacrificio, el día de la muerte puesto en natividad: el espíritu divino hará al alma feliz viendo al verbo en su eternidad.

XIV

En Tours, Giens, celando estarán ojos penetrantes, descubrirán de lejos la gran serena: ella y su séquito en el puerto entrarán, combate, empujad, poder soberano.

XV

Poco antes monarca asesinado Cástor, Pólux en nave, astro con crines: el bronce público por tierra y mar vaciado, Pisa, Asti, Ferrara, Turín, tierra prohibida.

XVI

Nápoles, Palermo, Sicilia, Siracusa, nuevos tiranos, fulgurantes fuegos celestes: fuerza de Londres, Gante, Bruselas y Susa, gran hecatombe celebrar triunfo con fiestas.

XVII

El campo del templo de la virgen vestal, no lejos de Ethen y los montes Pirineos: el gran conducto es escondido en lodazal, Norte expulsad ríos y viñas cruzadas.

XVIII

Nueva y súbita lluvia, impetuosa, obstaculizará de repente a los dos ejércitos: piedra, cielo, hace ser la mar pedregosa, la muerte de siete tierras y mar súbitos.

XIX

Recién llegados a lugar construido sin defensas, ocupar el lugar por entonces inhabitable: prados, casas, campos, ciudades tomar a placer, hambre, peste, guerra, ardua y prolongada labor.

XX

Hermanos y hermanas cautivos en diversos lugares, deberán pasar cerca del monarca: contemplarles sus rasgos con atención, no agradando ver mentón, frente, nariz.

XXI

El embajador enviado por birremes, a medio camino rechazado por desconocidos; de refuerzo llegarán cuatro trirremes, cuerdas y cadenas en Negroponte, perseguidos.

XXII

El campo Ascop de Europa partirá, acercándose a la isla sumergida: la flota de Arton doblará en falange, ombligo del mundo gran voz subordinada.

XXIII

Palacio, pájaros, por pájaro rechazado, justo después de la llegada del príncipe: muchas veces el enemigo rechazado más allá del río, capturado fuera el vuelo sostenido del pájaro.

XXIV

Bestias furiosas de hambre ríos beber, la mayor parte del campo estará ante Híster, en jaula de hierro el grande hará desplazar, cuando el hijo germano nada observará.

XXV

La guardia extranjera traicionará la fortaleza, esperanza y sombra del más elevado casamiento: guardia completamente engañada, muy atacada en la prensa, Loira, Saona, Ródano, Gar ultraje a muerte.

XXVI

Por el favor que hará a la ciudad al grande que pronto perderá el campo de batalla, huido de la formación Pau Tesino verterá sangre, habrá muertos, abatidos por filo de las armas.

XXVII

El verbo divino será herido desde el cielo, quien no podrá seguir más adelante: del atacado el secreto eliminado, que se caminará por encima y por delante.

XXVIII

El penúltimo con el sobrenombre de profeta, cogerá Diana para su día y reposo: lejos vagará por cabeza frenética, liberando a un gran pueblo de los impuestos.

XXIX

El oriental saldrá de su lugar, pasar los montes Apeninos y ver la Galia: traspasará el cielo, las aguas y la nieve, y a cada uno golpeará con su azote.

XXX

Uno que los infernales dioses de Aníbal hará renacer, terror de los humanos: jamás se contará un horror más grande, que llegará a ser por Babel a los romanos.

XXXI

En Campania el Casilino hará tanto que no se verá que los campos cubiertos: nada más acabada la duradera lluvia, de los árboles no se verá nada verde.

XXXII

Leche, sangre, ranas escurrirá en Dalmacia, dado el conflicto, peste cerca de Balennes. El grito será grande para toda Esclavonia, entonces nacerá monstruo cerca y dentro de Rávena.

XXXIII

Pero el torrente que desciende de Verona, cuando entonces hasta el Po guiará su entrada: un gran naufragio, y no menos en Garona, cuando los de Génova vayan a su encuentro.

XXXIV

La ira insensata del furioso combate, hará en la mesa por hermanos el hierro brillar: los separará, herido, curioso, el fiero duelo vendrá a molestar a Francia.

XXXV

En dos alojamientos de noche prenderá el fuego, muchos dentro ahogados y quemados: llegará sólo uno por uno cerca de dos ríos: excepto el Arp y el Caper, todos serán dados por muertos.

XXXVI

Serán cogidas las cartas del gran profeta, caerán entre las manos del tirano, sus empresas serán traicionar a su rey, pero sus rapiñas bien pronto le turbarán.

XXXVII

Del gran número que se le enviará, para socorrer el fuerte asediado, peste y hambre a todos devorará, excepto setenta que serán salvados.

XXXVIII

Habrá un gran número de condenados cuando los monarcas se habrán conciliado: pero uno de ellos estará tan irritado que ya no los encontrarán unidos.

XXXIX

Un año después del conflicto itálico, germanos, galos, españoles por el fuerte, caerá el escollo casa de la república, donde en poco tiempo serán sofocados y muertos.

XL

Un poco después en no muy largo intervalo, por mar y tierra será hecho un gran tumulto. Mucho más grande será la pugna naval, fuegos, animales, que harán un mayor insulto.

XLI

Por siete días la gran batalla arderá, estando nublado hará aparecer dos soles, el gran mastín aullará toda la noche, cuando el gran Pontífice cambiará de territorio.

XLII

Gallos, perros y gatos quedarán hartos de sangre, y de la herida del tirano encontrado muerto, en la cama de otro, piernas y brazos rotos, quien no había podido morir de más cruel muerte.

XLIII

Mientras esté visible la estrella de cabellos, los tres grandes príncipes serán hechos enemigos: heridos del cielo, la paz y la tierra tiemblan, el Po, Timbre, agitados, serpiente puesta en el borde.

XLIV

El águila empujada en torno a los pabellones, será cazada por otros pájaros de alrededor: cuando el ruido de los címbalos, flautas y esquilones devuelvan el sentido a la insensata Dama.

XLV

El cielo llora demasiado a Andrógino procreado, cerca del cielo sangre humana derramada: por muerte demasiado tardía gran pueblo, tarde y temprano llega el esperado socorro.

XLVI

Después grande enfrentamiento humano, otro mayor se prepara el gran motor renueva los siglos: lluvia, sangre, leche, hambre, hierro y peste, visto fuego en el cielo, corriendo larga centella.

XLVII

El gran enemigo, viejo y afligido, muere envenenado, los soberanos infinitos subyugados: llover piedras, escondidas bajo el vello. Por la muerte artículos en vano son alegados.

XLVIII

Un gran ejército que pasará los montes, Saturno en el Arcq giratorio del pez Marte: venenos escondidos bajo cabezas de salmón, su jefe colgado de cuerda de cabecillas.

XLIX

Los consejeros del primer monopolio, los conquistadores seducidos por la Melita: Rodas y Bizancio por sus abandonos ciudadanos, la tierra necesitará los perseguidores de huida.

L

Cuando los de Hainault, de Gante y de Bruselas, verán ante ellos el asedio de Langres, tras sus flancos habrán crueles guerras, la antigua herida será peor que enemigos.

LI

La sangre del justo será escasa en Londres, quemados por el rayo seis de los veintitrés, la antigua Dama caerá de su alto lugar, de las mismas sectas muchos serán asesinados.

LII

Durante muchas noches la tierra temblará, en primavera dos esfuerzos seguidos, Corinto, Éfeso en los dos mares nadará, la guerra desencadenada por dos valientes luchadores.

LIII

La gran peste de ciudad marítima, no cesará hasta que la muerte sea vengada. Tomada la sangre del justo condenada sin crimen, de la gran Dama, por disimulo no ultrajada.

LIV

Por gente extranjera y lejana a los romanos. Su gran ciudad, después de inundada muy turbada; hija sin demasiado dominio diferente, cogido el jefe, terror de no haber sido aplastada.

LV

En el conflicto el grande que poco valía, en su final hará algo maravilloso, mientras que Hadria vea que era necesario, en el banquete apuñala al orgulloso.

LVI

Que la peste y la espada no han sabido definir muerte en el pozo, cúspide del cielo herido: el abad morirá cuando verá arruinar, los del naufragio el escolla queriendo agarrar.

LVII

Antes del conflicto el gran muro caerá: el grande a muerte, muerte demasiado súbita y sentida, la nave imperfecta, la mayor parte nadará, cerca del río la tierra teñida de sangre.

LVIII

Sin pie ni mano, diente agudo y fuerte, por globo en el fuerte del puerto mayor nace, cerca del portal desleal se traslada, Sileno luce, pequeño, gran conducido.

LIX

La flota gala apoyada de la gran guardia, del gran Neptuno y sus tridentes soldados, atormentada Provenza para contener gran banda, mas Marte en Narbona con lanzas y dardos.

LX

Rota la fe Púnica en Oriente gran Iud y Rosne, Loira y Tajo cambiarán, cuando sea saciada el hambre del mulo, la flota derrotada, sangre y cuerpo nadarán.

LXI

Euge, Támesis, Gironda y la Rochelle, sangre troyana muerta en el puerto de la flecha, detrás del río, en el fuerte, colocada la escalera, flechas hicieron muchos muertos en la brecha.

LXII

Mabus muy pronto entonces morirá, llegará una horrible destrucción de personas y animales, después, de repente, se verá la venganza, cien, mano, sed, hambre cuando corra el cometa.

LXIII

El galo a Asón bien poco oprimirá, Pau, Marne y Sena tendrán odio a Perme, que el gran muro se levantará contra ellos, desde el menor en el muro el más grande perderá la vida.

LXIV

Morir de hambre, de sed, habitantes de Ginebra, desfallecerá la próxima esperanza, sobre el puente que tiembla estará la ley de Gebenita, la flota en el puerto no podrá ser acogida.

LXV

El parco doblegado gran calamidad, por la Hesperia en Insubria hará, el fuego en la nave, peste y cautividad, Mercurio en el Arco Saturno arruinará.

LXVI

El cautivo escapará de grandes peligros, en poco tiempo el grande con fortuna cambiada: en el palacio el pueblo está atrapado, por buen augurio la ciudad asediada.

LXVII

El rubio de nariz ganchuda vendrá a actuar en el duelo y expulsará fuera, los exiliados dentro restablecerá, en los lugares marinos enviando a los más fuertes

LXVIII

Del Aquilón los esfuerzos serán grandes, sobre el océano estará la puerta abierta: será restablecido el reino en la isla, temblará Londres por vela descubierta.

LXIX

El rey galo por la céltica diestra, viendo la discordia de la gran monarquía sobre las tres partes hará florecer su cetro, contra la capa de la gran jerarquía.

LXX

Se extenderá el dardo en el cielo, muertos hablando gran ejecución, la piedra en el árbol la altiva gente rendida, ruido humano monstruo purga expiación.

LXXI

Los exiliados a Sicilia llegarán, para librar del hambre a los extranjeros, al comenzar el día los celtas serán necesarios, la vida continúa, el rey se ciñe a la razón.

LXXII

La armada céltica en Italia vejada, por todas partes conflicto y gran pérdida, romanos vencedores, ¡oh Galia repelida! Cerca de Tesín, Rubicón incierta pugna.

LXXIII

En el lago Fucín, de Benac la orilla, prisionero de Lemán en el puerto de Orguión, nacido de tres brazos predice bélica imagen, por tres coronas al gran Endimión.

LXXIV

Desde Sen, de Autún vendrán hasta el Ródano, para pasar más allá de los montes Pirineos, la gente saldrá de la marca de Ancona por tierra y mar seguirá a grandes oleadas.

LXXV

La voz oída del insólito pájaro sobre el cañón del respirable suelo tan alta llegará la medida del trigo, que el hombre será antropófago del hombre.

LXXVI

El rayo hará algo portentoso en Borgoña. Que por ingenio no se podía hacer, de su sagrado senado un hecho dudoso, hará saber a los enemigos el asunto.

LXXVII

Por arcos de fuego, resinas y fuegos rechazados, gritos y alaridos oídos a medianoche: son metidos dentro por los muros dañados, por canículas los traidores seguidos.

LXXVIII

El gran Neptuno desde la profundidad del mar, de gente púnica y de sangre gala mezclada: las islas ensangrentadas por el tardío remar, más le lastimará que el secreto mal ocultado.

LXXIX

La barba crespa y negra por ingenio, oprimirá a la gente cruel y fiera: el gran Chirén sacará a lo lejos, a todos los cautivos por la bandera de Selín.

LXXX

Después del conflicto del herido la elocuencia por poco tiempo trama fingido reposo; de ninguna forma se admiten los grandes, a liberación, los enemigos son devueltos a propósito.

LXXXI

Por el fuego del cielo la ciudad casi destruida, la urna amenaza todavía Deucalión, vejada Cerdeña por el azote Púnico, cuando Libra deje su Faetón.

LXXXII

Por hambre la presa hará lobo prisionero, asaltándola cuando esté en extrema debilidad, el nacido teniendo ante sí al último. El grande no escapa en medio de la prensa.

LXXXIII

El fuerte tráfico de un gran Lyon cambiado, la mayor parte tornada en prístina ruina, presa a los soldados por saqueo vendimia: por el monte Jura y la neblina de Sueve.

LXXXIV

Entre Campania, Siena, Flora, Tustia, no caerá una gota de sangre en seis meses y nueve días: la extraña lengua en tierra de Dalmacia correrá delante devastando toda la tierra.

LXXXV

El viejo plano barba bajo el severo estatuto, el águila sobrevuela Lyon, el pequeño Grande persevera demasiado, ruido de arma en el cielo, mar roe Ligústica.

LXXXVI

Naufragada la flota cerca de las olas del Adriático, la tierra tiembla sacudida por el aire puesto en tierra, Egipto tiembla, aumento de los mahometanos, el Herault debe gritar con fuerza el hecho.

LXXXVII

Después vendrá de naciones lejanas, príncipe germano en el trono dorado: la servidumbre y las aguas reencontradas, la dama sirve, su tiempo no será más adorado.

LXXXVIII

El circuito del grande y ruinoso hecho, el nombre de séptimo será de quinto: de un tercio más grande el belicoso extraño, Mouton, Lutecia, Aix no garantizará.

LXXXIX

Un día estarán acordes los dos grandes maestros, su gran poder se verá aumentado: la tierra nueva estará en manos poderosas, al sanguinario el número contado.

XC

Por vida y muerte cambiado el reino de Hungría, la ley será más áspera que servicial: su gran ciudad de alaridos, lloros y gritos, Cástor y Pólux, enemigos de la lid.

XCI

Se verá un gran fuego al amanecer, ruido y claridad dirigidos hacia Aquilón, se oirán dentro del círculo muerte y gritos, por espada, fuego, hambre, muertos los que esperarán.

XCII

Visto en tierra un fuego color de oro del cielo, herido por el nacido alto, hace algo maravilloso: gran muerte humana, presa del gran sobrino, muertos de espectáculos, escapado el orgulloso.

XCIII

Bien cerca del Tíber cogida la Libitina, un poco antes de la gran inundación: el jefe de la nave preso, metido en la sentina, castillo, palacio en conflagración.

XCIV

Gran Pau, los galos recibirán un gran mal. Vano terror al marítimo Lyon: pueblo infinito pasará por el mar, sin escapar un cuarto de millón.

XCV

Los lugares poblados serán inhabitables, gran división habrá en los campos: reinos entregados a prudentes incapaces, entonces los hermanos mayores muerte y disensión.

XCVI

Llama ardiente será vista en el cielo de noche, cerca del fin y principio del Ródano, hambre, espada, tarde el socorro previsto, Persia vuelve a invadir Macedonia.

XCVII

Romano Pontífice, ¡guárdate de acercarte a la ciudad que dos ríos riegan! Tu sangre vendrá cerca de allí a derramarse. Tú y los tuyos, cuando florezca la rosa.

XCVIII

Quien de sangre salpica el rostro de la víctima próxima al sacrificio, teniendo en Leo augurio por presagio, puesto será a muerte por la novia.

XCIX

Territorio romano que interpretó el augurio, por gente gala será vejado en exceso: pero la nación celta temerá la hora, Boreas, el ejército muy lejos lo habrá empujado.

C

En las islas un tumulto tan terrible, pronto no se oirá que un conflicto bélico, tan grande será el insulto de los predadores que se alineará en la gran liga.

CENTURIA TERCERA

I

Después del combate y la batalla naval, el gran Neptuno en su más grande exacerbación: el rojo adversario de miedo palidecerá, poniendo al gran océano en horror.

II

El verbo divino dará a la sustancia, comprendidos cielo, tierra, oro oculto a la leche mística. Cuerpo, alma, espíritu teniendo todo el poder, tanto bajo sus pies como en el trono céltico.

III

Marte y Mercurio y la plata, todos juntos, hacia el Mediodía, extrema sequedad: en el fondo de Asia se dirá la tierra tiembla, Corinto y Éfeso entonces en perplejidad.

IV

Cuando esté próximo el defecto de los lunares, del uno al otro no muy distantes, frío, sequedad, peligros hacia las fronteras, igual donde el oráculo tuvo comienzo.

V

Cerca lejano defecto de las dos grandes luminarias que ocurrirá entre abril y marzo: ¡oh, qué precio!, pero dos grandes benévolos por tierra y mar socorrerán todas las partes.

VI

En el templo cerrado el rayo penetrará, muy hostigados los ciudadanos dentro de su fuerte: caballos, bueyes, hombres, la onda el muro tocará por hambre, sed, bajo los más débiles armados.

VII

Los fugitivos, fuego del cielo sobre las picas. Próximo conflicto de los cuervos divirtiéndose, desde la tierra se pide ayuda y socorro al cielo, cuando estén cerca de los muros los combatientes.

VIII

Los cimbrios junto a sus vecinos vendrán a despoblar casi toda España: gente agrupada, Guyena y Lemosinos estarán en liga y les harán campaña.

IX

Burdeos, Ruán y la Rochelle juntos tendrán en su entorno el gran mar océano, ingleses, bretones y flamencos unidos los expulsarán hasta cerca de Ruán.

X

De sangre y hambre la más grande calamidad siete veces se apresta a la playa marina: Mónaco de hambre, lugar tomado, cautividad el gran prisionero romperá jaula de hierro.

XI

Batir las armas al cielo en larga estación, el árbol en el centro de la ciudad caído: tornado, roña, espada, enfrente tizón, entonces el monarca de Hadria sucumbirá.

XII

Por el temblor de Heb, Po, Tajo, Tíber y Roma y por el lago Lemán y Aretín: los dos grandes jefes y ciudades del Garona prisioneros, muertos, ahogados. Repartir botín humano.

XIII

Por rayo en el arco oro y plata fundidos, de los dos cautivos uno al otro comerá: la mayor parte de la ciudad cuando la flota nade sumergida.

XIV

Por la estirpe del valiente personaje, de Francia ínfima, por el infeliz padre: honores, riquezas, trabajo en su anciana edad, por haber creído el consejo del hombre ingenuo.

XV

Corazón, vigor, gloria del reino cambiará de todas partes teniendo en contra a su adversario: entonces Francia subyugará la infancia por la muerte, un gran regente será entonces más contrario.

XVI

Un príncipe inglés, Marte en su corazón de cielo, querrá mantener su próspera fortuna: de los dos duelos uno atravesará la hiel, ¡ay de él!, bien querido por su madre.

XVII

Monte Aventino será visto en la noche quemar, el cielo oscuro en un momento en Flandes, cuando el monarca expulsará a su sobrino, su gente de iglesia cometerá los escándalos.

XVIII

Después de la tan prolongada lluvia de leche, en varios lugares de Reims el cielo tocado: ¡oh, qué conflicto de sangre cerca de ellos se apresta! Padre e hijo reyes no osarán acercarse.

XIX

En Luca sangre y leche lloverá, un poco antes del cambio de pretor: gran peste y guerra, hambre y sed hará ver, lejos, donde morirá el príncipe rector.

XX

Por las regiones del gran río Bético, lejos del Ebro, en el reino de Granada: cruces rechazadas por mahometanos, uno de Córdoba traicionará la comarca.

XXI

En el Crustamín por el mar Adriático, aparecerá un horrible pez, de cara humana y cola acuática, que no se cogerá con el anzuelo.

XXII

Seis días habrá un asalto ante la ciudad, será librada una fuerte y áspera batalla: tres la entregarán y a ellos perdonará, el resto serán pasados a sangre y fuego.

XXIII

Si Francia traspasa el mar de Liguria, tú te verás en islas y mares encerrado: Mahomet contrario, más el mar Adriático, caballos y asnos, tú les roerás los huesos.

XXIV

De la empresa gran confusión. Pérdida de gente, tesoro innumerables: tú no debes hacer aún tensión, Francia a mi parecer haz que sea recordable.

XXV

El que llegará al reino de Navarra cuando Sicilia y Nápoles se hayan unido: Bigorra y Flandes por Foix Loron se tendrá, de uno que estará muy unido a España.

XXVI

Reyes y príncipes harán simulacros, augures creídos como grandes arúspices, cuerno víctima dorada y azul, acre, interpretados serán los presagios.

XXVII

Poderoso príncipe libio en Occidente, francés de Arabia tanto se inflamará: sabio en las letras será condescendiente, la lengua árabe al francés traducir.

XXVIII

De tierra débil y pobre parentela por extremo y paz llegará en el imperio, mucho tiempo reinar una joven hembra, que nunca vino nada peor a un reino.

XXIX

Los dos sobrinos en diversos lugares nutridos: pugna naval, tierra, padres caídos. Vendrán tan alto a alzarse aguerridos, vengar la injuria, enemigos sucumbidos.

XXX

Aquel que en lucha y hierro al hecho bélico habrá traído más grande que él el precio: de noche en la cama seis la harán ataque, desnudo y sin armadura, rápidamente será sorprendido.

XXXI

En los campos de Media, de Arabia y de Armenia, dos grandes ejércitos tres veces se enfrentarán, cerca del río Araxes la mesnada, del gran Solimán caerán en tierra.

XXXII

El gran sepulcro del pueblo de Aquitania se acercará hasta la Toscana: cuando Marte esté cerca de la tierra germana, y al territorio de la Regencia Mantuana.

XXXIII

En la ciudad donde entrará el lobo, estarán bien cerca de ella los enemigos: asolará el gran país un ejército extranjero a los muros y a los Alpes los amigos pasarán.

XXXIV

Cuando eclipse de Sol se produzca en pleno día será visto el monstruo, se le interpretará por completo de distinta manera, no importa la carestía, nadie lo habrá previsto.

XXXV

De lo más profundo del Occidente de Europa un niño nacerá de pobres gentes, que con su hablar seducirá la muchedumbre, su fama crecerá más en el reino de Oriente.

XXXVI

Sepultado no muerto apoplético, será encontrado con las manos comidas, cuando la ciudad condenará al hereje, que tenía sus leyes, que les parecían cambiadas.

XXXVII

Antes del asalto la oración pronunciada, Milán tomada por el Águila mediante astutos embustes, muralla antigua hundida a cañonazos, por fuego y sangre pocos recibieron las gracias.

XXXVIII

La gente gala y la nación extranjera más allá de los montes, muertos, presos, afligidos, al menos contrario y próximo de la vendimia, por los señores en acuerdo firmado.

XXXIX

Los siete en tres meses en concordia, para dominar los Alpes Apeninos, pero la tempestad y la Liguria cobarde, les afligen en súbitas ruinas.

XL

El gran teatro será nuevamente levantado, los dados echados y las redes ya tendidas, se apartará demasiado al primero, por arcos derrumbados, ya rotos desde mucho tiempo.

XLI

Un jorobado será elegido por el consejo, el monstruo más horrible nunca visto en la tierra, el golpe reventará queriendo el ojo, el traidor por el rey será recibido como fiel.

XLII

El niño nacerá con dos dientes en la garganta, piedras en Tuscia caerán con la lluvia, pocos años después no habrá trigo ni cebada, para alimentar a quienes de hambre morirán.

XLIII

Gentes de los alrededores de Tarn, Loth y Garona, evitad pasar por los montes Apeninos, vuestra tumba cerca de Roma y Ancona, el pelo negro y crespo hará trofeo levantar.

XLIV

Cuando el animal al hombre domestique, después de grandes penas y saltos vendrá a hablar, de rayo a virgen será tan maléfico, de tierra tomada y suspendida en el aire.

XLV

Los cinco extranjeros entregados en el templo, su sangre profanará la tierra: será un duro ejemplo para la gente de Tolosa, de uno que vendrá a suprimir sus leyes.

XLVI

El cielo (de Plancus la ciudad) nos presagia por señales claras y por estrellas fijas, que de su súbito cambio se acerca la edad, ni por su bien ni por los maleficios.

XLVII

El viejo monarca destronado de su reino, a los orientales irá en busca de apoyo: por miedo de las cruces plegará su enseña, a Mitilene irá por el puerto y por tierra.

XLVIII

Setecientos cautivos atados rudamente por la mitad matar, dado el fuerte: la próxima esperanza llegará tan prontamente, pero no antes de que muera una quincena.

XLIX

Reino galo, serás bien cambiado, en lugar extranjero es trasladado el imperio: según otras costumbres y leyes serás recogido, Ruán y Chantres te harán mucho peor.

L

La república de la gran ciudad, al gran rigor no querrá consentir, salir fuera ciudad el rey por trompeta, la escalera en el muro, la ciudad arrepentida.

LI

París trama cometer un gran asesinato, Blois lo hará salir en pleno efecto: aquellos de Orleáns querrán reponer su jefe, Angers, Troyes, Langres les harán gran fechoría.

LII

Será tan fuerte la lluvia en el campo y en la Pulla tan grande la sequía, el gallo verá al águila el ala mal cumplida. Por Lyon será puesta en extremidad.

LIII

Cuando el más grande se lleve al prisionero, de Nuremberg, de Augsburgo y los de Basilea. Por Agripina tomado el jefe de Frankfurt, atravesarán por Flandes hasta la Galia.

LIV

Uno de los más grandes huirá a las Españas que en profunda llaga después sangrará, pasando ejércitos por las altas montañas, devastando todo y después en paz reinar.

LV

En el año en que un ojo reina en Francia, la Corte estará en situación bien turbia, el grande de Blois matará a su amigo, el reino puesto en mal y duda doble.

LVI

Montauban, Nimes, Aviñón y Beziers, peste, trueno y granizo a final de marzo, de París puente, Lyon muro Montpellier, después de seiscientos y siete veinte, tres partes.

LVII

Veréis cambiar siete veces a los británicos, tintos en sangre en doscientos noventa años, libre, no ya por apoyo germánico, Aries duda, su polo Bastarnan.

LVIII

Cerca del Rin, de las montañas nóricas nacerá un grande de gentes demasiado tarde llegado, que defenderá Sauroma y las Panónicas, y no se sabrá lo que haya sucedido.

LIX

Imperio bárbaro por el tercero usurpado, la mayor parte de su sangre sentenciará a muerte: por muerte senil por él el cuarto herido, por temor de que sangre por la sangre sea muerta.

LX

Por toda Asia gran proscripción, al igual que en Misia, Licia y Panfilia: sangre derramada por la absolución, de un joven negro lleno de felonía.

LXI

La gran banda y secta crucífera se levantará en Mesopotamia: del próximo río compañía ligera, que tal ley tendrá por enemiga.

LXII

A Carcasona conducirá sus prófugos. El poder romano será del todo declinado, próximo del Duero por mar Cirrene cerrado vendrá a atravesar los grandes montes Pirineos.

LXIII

La mano más corta y su herida cerrada, su gran vecino imitará vestigios: ocultos odios civiles y debates, retrasarán a los bufones sus locuras.

LXIV

El jefe de Persia rellenará grandes úlcadas, la flota tirreme contra los mahometanos, la Parta y Media, y saquear las Cícladas, reposó mucho tiempo en el gran puerto Jónico.

LXV

Cuando se encuentra el sepulcro del gran romano, el día después será elegido Pontífice, no será muy bien acogido por el Senado, envenenado, su sangre en la sagrada ropa.

LXVI

El gran Bailío de Orleáns sentenciado a muerte, será por uno de sangre vindicativo: de muerte merecida no morirá ni por suerte, de pies y manos hecho prisionero.

LXVII

Una nueva secta de filósofos, menospreciando la muerte, el oro, los honores y las riquezas, de los montes germanos no serán limítrofes, a los seguidores concederán apoyo y publicidad.

LXVIII

Pueblos sin jefes de España e Italia, muertos, dispersos en el Queroneso, su mano traicionada por una locura pasajera, la sangre nadará por todas partes.

LXIX

Un gran ejército conducido por jovenzuelo se rendirá a manos de los enemigos, pero el viejo nacido medio puerco convertirá a Chalón y Mascón en sus amigos.

LXX

La Gran Bretaña, comprendida Inglaterra, inundará por agua de tal forma que la Liga nueva de Ausonia le hará la guerra, que contra ellos se aliarán.

LXXI

Aquellos, en las islas por mucho tiempo asediadas, cobrarán vigor y fuerza contra los enemigos: los de fuera muertos de hambre, derrotados, en mayor hambre que jamás habrán tenido.

LXXII

El buen viejo, sepultado vivo, cerca del gran río, por falsa sospecha: el nuevo viejo de riqueza ennoblecido, coge de una vez todo el oro del rescate.

LXXIII

Cuando llegue el cojo al reino, competidor tendrá en el próximo bastardo, él y el reino llegarán a ser tan roñosos que antes de que cure será ya para él demasiado tarde.

LXXIV

Nápoles, Favencia, Florencia e Imola, estarán en términos de tal enfado, que por complacer a los desdichados de Nola, se queja de haberse burlado su jefe.

LXXV

Pau, Verona, Vicenza, Zaragoza, espadas largas, territorios húmedos de sangre: llegará una peste tan grande a la gran bolsa, cercano socorro y bien lejos los remedios.

LXXVI

En Germania nacerán diversas sectas, acercándose mucho del feliz paganismo, el corazón cautivo y pequeños ingresos, harán volver a pagar el verdadero diezmo.

LXXVII

El tercer clima comprendido bajo Aries, el año mil setecientos veintisiete en octubre, el rey de Persia cogido por los egipcios: conflicto, muerte, pérdida, gran ofensa a la cruz.

LXXVIII

El jefe de Escocia, con seis de Alemania, cautivo por marinos orientales: atravesarán el Calpe y España, presente en Persia al nuevo rey amedrentado.

LXXIX

El orden fatal sempiterno por cadena se sustituirá por otro orden consecuente: de puerto Fociano será rota la cadena, tomada la ciudad, el enemigo en gran cantidad.

LXXX

El digno expulsado del reino inglés, el consejero por ira condenado al fuego: sus seguidores caerán tan bajo que el bastardo será casi aclamado.

LXXXI

El gran orador, sin vergüenza y audaz, será elegido gobernador de la armada: la intrepidez de su contencioso, el puente roto, ciudad pasmada de miedo.

LXXXII

Freins, Antíbor, ciudades en torno a Niza, serán devastadas por mar y tierra: las langostas, tierra y mar viento propicio, prisioneros, muertos, despedazados, robados, sin ley de guerra.

LXXXIII

Los largos cabellos de la Galia céltica; acompañados de extrañas naciones: harán cautivos a los aquitanos, para sucumbir a sus intenciones.

LXXXIV

La gran ciudad será muy desolada, de sus moradores uno solo la habitará: muro, sexo, templo y virgen violada, por hierro, fuego, peste, cañón, el pueblo morirá.

LXXXV

La ciudad tomada por engaño y fraude por el medio de un apuesto joven atrapado, asalto a Rubines cerca del Aude, él y todos muertos por haber bien engañado.

LXXXVI

Un jefe de Ausonia irá a España, por mar será detenido en Marsella, antes de su muerte languidecerá bastante tiempo, después de su muerte se verá algo maravilloso.

LXXXVII

¡Flota gala, no te acerques a Córcega ni a Cerdeña o te arrepentirás!: pronto moriréis sin la ayuda tan deseada, la sangre nadará, cautivo no me creerá.

LXXXVIII

Desde Barcelona por mar tan grande armada, toda Marsella temblará de miedo: islas ocupadas de mar ayuda cerrada, tu traidor en tierra nadará.

LXXXIX

En ese tiempo Chipre será privada de su socorro de los de Egeo: viejo trucidado, pero con sombra y miserias, seducido su rey, reina más ultrajada.

XC

El Gran Sátiro y Tigre de Hircania, don presentado a los del océano: un jefe de flota saldrá de Carmania, que tomará tierra en el Tirreno Foceno.

XCI

El árbol que tanto tiempo estuvo muerto, seco, en una noche reverdecerá: con rey enfermo, príncipe pie cojo, gritando a los enemigos hará la vela extender.

XCII

El mundo cercano ya a su último periodo, aún tarde Saturno estará sin retorno: trasladado el imperio hacia naciones Brodde, el ojo arrancado a Narbona a su alrededor.

XCIII

En Aviñón el gran jefe del imperio se detendrá por París desolada: Tricastro tendrá la ira de Aníbal, Lyon por engaño mal consolada.

XCIV

En quinientos años se le tendrá en mayor estima a aquel que fue un adorno en su tiempo, después se le dará claridad en un instante, y en este siglo les hará muy contentos.

XCV

La ley morisca se verá desfallecer después de otra mucho más seductora: Boristeno caerá primero, por dones y lengua más atractiva.

XCVI

El jefe de Fosán tendrá el cuello cortado por el ductor del sabueso y del lebrel: el hecho perpetrado por los del monte Tarpeyo Saturno en Leo el 13 de febrero.

XCVII

Nueva ley ocupará una nueva tierra. Hacia Siria, Judea y Palestina: el gran imperio bárbaro sucumbir antes que Febea su siglo termine.

XCVIII

Dos hermanos reales tan fuerte guerrearán que entre ellos la guerra será mortal: cada uno ocupará plazas fuertes, de reino y vida será su gran querella.

XCIX

A los campos herbosos de Alein y de Varnegues, del monte Lebrón cercano a la Durance, campamentos de las dos partes, en conflicto será tan duro Mesopotamia desfallecerá en Francia.

C

El último honrado entre los galos será vencedor del hombre enemigo: fuerza y terror en momento explorado de un venablo morirá el envidioso.

CENTURIA CUARTA

I

Por lo que quede de sangre no derramada, Venecia pide que le sea dado socorro, después de haber esperado mucho tiempo, ciudad entregada al primer toque de cuerno.

II

Por muerte Francia hará un viaje, la flota por mar, atravesar los montes Pirineos, España perturbada, marchar los militares: del más grande damas llevadas a Francia.

III

De Arrás y Burgos, de Brodes grandes banderas, un gran número de gascones derrotados a pie, los del largo Ródano ensangrentarán las Españas: cerca del monte donde está Sagunto.

IV

El impotente príncipe enfadado, llantos y querellas saqueos, pillajes, por gallos y libios: grande es por tierra, en mar infinitas velas, la hermana Italia arrojará a los celtas.

V

Cruz, paz, bajo un cumplido verbo divino, España y Francia estarán unidas: gran guerra próxima y combate muy acerbo, corazón tan valiente que no habrá quien no tiemble.

VI

Nuevas costumbres después de la tregua, malicia, tramas y maquinación: primero morirá quien haga la prueba, color Venecia conspiración.

VII

El hijo menor del gran y odiado príncipe, de lepra tendrá a los veinte años gran mancha, de duelo su madre triste y estropeada morirá, y él morirá allá donde cae el cobarde.

VIII

La gran ciudad por asalto pronto y repentino. Sorprendidos de noche, los guardias atrapados: las facciones y vigilias de San Quintín, asesinados los guardias y los portalones rotos.

IX

El jefe del campamento en medio de la lucha, de un flechazo será herido en el muslo, cuando Ginebra afligida y abandonada, será traicionada por Lausana y suizos.

X

El joven príncipe acusado falsamente, tubará el territorio en querellas: malherido el jefe por sostenerlo, el cetro apaciguar; calmar después las contiendas.

XI

Aquel que habrá cubierto con la gran capa, será inducido a ejecutar algunos casos: los doce rojos vendrán a manchar mantel bajo un homicidio, el asesinato se perpetrará.

XII

El campamento mayor de la ruta puesto en fuga, más allá no será acosado: acampado de nuevo y la legión reducida, después fuera de las Galias será expulsado por completo.

XIII

De una mayor pérdida, noticias reportadas, hecho el informe el campamento se extrañará: bandas unidas contra las sublevadas, doble falange, el grande abandonará.

XIV

La repentina muerte del primer personaje habrá cambiado y puesto a otro en el reino: pronto, llegado tarde tiene tan alta y joven edad, que tierra y mar será necesario temer.

XV

De donde pensará hacer venir el hombre, de allá vendrá la saciedad: el ojo de la mar por avaro canino para uno, el otro dará aceite y trigo.

XVI

La ciudad franca y libre, hecha sierva, asila a fugitivos y soñadores: el rey cambiado tiene a ellos no se obstina, de cien se volverán más de mil.

XVII

Cambiar a Beaune, Nuy, Chalons y Dijon, el dique queriendo enmendar la Barrée. Marchando cerca del río, pez, pico de buceador, verá la cola: la puerta será cerrada.

XVIII

Los más instruidos sobre los hechos celestes serán reprobados por príncipes ignorantes: castigados por edicto, expulsados como réprobos, y condenados a muerte dondequiera que fueran hallados.

XIX

Ante Ruán por los Insubrios puesto asedio, por tierra y mar cerrados los caminos: de Haynaut y Flandes, de Gante y los de Lieja, con lanchas desembarcarán en las orillas.

XX

Paz, prosperidad largo tiempo y lugar alabará, por todo su reino desierto la flor de lis: cuerpos muertos de agua, tierra allá se los llevará, esperando en vano la hora de estar allá los enterrados.

XXI

El cambio será muy difícil, la ciudad, provincia por el cambio hará ganancia: corazón noble, hecho prudente, expulsado el hábil, mar y tierra el pueblo su estado cambiará.

XXII

El gran ejército que será rechazado en cierto momento será necesario al rey, la fe prometida de lejos será profanada, desnudo se verá y en mísera ruina.

XXIII

La legión en el ejército del mar. Calcina, es Magna con azufre, y brea abrazarán: el largo reposo del lugar asegurado, puerto Selín y Hércules serán consumidos por el fuego.

XXIV

Oído bajo tierra santa dama y voz santa, llama humana por divina ver lucir: hará de solitarios de su sangre tierra teñida, y los santos templos por los impuros destruir.

XXV

Cuerpos sublimes sin fin al ojo visibles, vendrán a cegar por estas razones: cuerpos, mentes comprendidas, sin jefe e invisibles, disminuyendo las sagradas oraciones.

XXVI

El gran enjambre se elevará de abejas, que no sabrán de dónde habrán venido: desde el bosque, lo esconde bajo los emparrados a la ciudad traído por cinco ligas sin nudos.

XXVII

Salon, Manfol, Tarascón de Sex, el arco, donde está en pie aún la pirámide: vendrán a liberar al príncipe de Dinamarca, rescate odioso en el templo de Artemisa.

XXVIII

Cuando Venus del Sol será cubierta, bajo el esplendor habrá una forma oculta: Mercurio al fuego los habrá descubierto, por ruido bélico será insultado.

XXIX

El Sol oculto, eclipsado por Mercurio, no estará sino en el segundo cielo: de Vulcano y Hernies será hecho pasto, el Sol será visto puro, rutilante y rubio.

XXX

Once veces más la Luna Sol no querrá, todos aumentados y disminuidos de grado: y puesto tan bajo que poco oro se coserá, que después hambre, peste, descubierto el secreto.

XXXI

La Luna en plena noche sobre el elevado monte, el nuevo sabio de un solo cerebro la ha visto. Por sus discípulos el ser inmortal es simiente, ojos al mediodía, en los sentidos, manos, cuerpo al fuego.

XXXII

En lugares y tiempos la carne dará lugar al pescado, la ley común será hecha de modo contrario: el viejo se mantendrá fuerte, después sacado del medio, la común amistad quedará bien atrás.

XXXIII

Júpiter junto a Venus más que a la Luna, apareciendo blanco de plenitud: Venus escondida bajo la blancura de Neptuno por Marte golpeada por la pesada rama.

XXXIV

El gran prisionero traído de tierra extranjera. De oro encadenado al rey Chiren ofrecido: quien en Ausonia, Milán perderá la guerra y todo su ejército pasado a hierro y fuego.

XXXV

El fuego apagado, las vírgenes traicionarán la mayor parte de la nueva banda: rayo de hierro, lanza que sólo los reyes guardarán, Etruria y Córcega de noche garganta iluminada.

XXXVI

Los nuevos juegos en Galia organizados, después de la victoria en la campaña de Insubria: montes de Hesperia, los grandes atados, destrozados, de miedo temblarán la Romaña y España.

XXXVII

Galo a saltos atravesará los montes, ocupará el gran paraje de Insubria, hasta lo más profundo su ejército hará entrar, Génova, Mónaco, empujarán su tropa roja.

XXXVIII

Mientras el duque, rey, reina ocupará, el jefe de Bizancio cautivo en Samotracia, antes del asalto el uno al otro comerá a contrapelo llevado seguirá las huellas de sangre.

XXXIX

Los rodianos pedirán socorro, por la negligencia de sus amigos abandonada, el imperio árabe reemprenderá su curso, por Hesperia la causa enderezada.

XL

Las fortalezas de los sitiados rodeadas, por polvo de fuego profundizados en el abismo. Los traidores serán todos vivos apresados, nunca entre las sacristías se advirtió tan deplorable cisma.

XLI

Gímnica sexo cautivo como rehén, vendrá de noche a los guardianes decepcionar, el jefe del campamento engañado por sus palabras, abandonará a la gente, dará lástima verlo.

XLII

Génova y Langres por los de Chantres y Dole. Y por Grenoble cautivo en Montelimar, Seysset, Lausana por fraudulento engaño les traicionarán por sesenta marcos de oro.

XLIII

Serán oídas en el cielo las armas batir: aquel mismo año los divinos enemigos querrán leyes santas injustamente derogar, por rayo y guerra los buenos creyentes condenados a morir.

XLIV

Los dos grandes de Mende, de Roudés y de Milhau, mala semana en Cahours, Limoges y Chantres, de noche la entrada, de Burdeos un guijarro, por Perigort al toque de campana.

XLV

Por un conflicto el rey su reino abandonará, el mayor de los jefes faltará a lo necesario, heridos de muerte pocos escaparán, todos decapitados, uno será testigo.

XLVI

Bien defendido el hecho por excelente, guárdate, Tours, de tu próxima ruina, Londres y Nantes por Reims defenderán, no pasará más allá del tiempo de la escarcha.

XLVII

El negro feroz cuando haya ensayado su mano sanguinaria con fuego, hierro, arcos tensos, todo el pueblo quedará tan aterrorizado al ver a los más grandes colgados por cuello y pies.

XLVIII

La llanura de Ausonia, fértil, espaciosa, producirá nubes colmadísimas de langostas, y la claridad solar se verá oscurecida, roerlo todo, gran peste llegará con ellas.

XLIX

Sangre será derramada ante el pueblo, que de lo alto del cielo no se alejará, pero por mucho tiempo no será escuchada, el espíritu de uno solo lo atestiguará.

L

Libra reinará sobre las Hespérides, en cielo y tierra se mantendrá la monarquía, nadie verá pérdidas de las fuerzas de Asia, los siete no tienen por rango la jerarquía.

LI

Un duque ansioso seguirá a su enemigo, entrará dentro desbordando la falange, acosados a pie tan cerca serán perseguidos, que la jornada conflicto cerca del Ganges.

LII

En ciudad sitiada en los muros hombres y mujeres, a los enemigos, no el jefe, prestos son a rendirse: el viento soplará fuerte contra los gendarmes, expulsados serán por cal, polvo y ceniza.

LIII

Los fugitivos y ahuyentados vencidos, padres e hijo mayor adornando los altos pozos, el cruel padre y los suyos ahogados, su hijo más alto sumergido en el pozo.

LIV

Del nombre que nunca fue del rey galo jamás hubo un rayo tan temido, temblando Italia, España y los ingleses, de mujer extranjera grandemente enamorado.

LV

Cuando la corneja esté rodeada toda de ladrillo, durante siete horas no hará que gritar: muerte presagiada en la estatua tinta en sangre, tirano muerto, a los dioses el pueblo rogará.

LVI

Después de la victoria de rabiosa lengua, el espíritu sumido en tranquilidad y reposo, el vencedor sanguinario por el conflicto hace arenga, asar la lengua, la carne, los huesos.

LVII

Una cuestión enojosa soportada por rey, tendrá propósito de defender los escritos: su mujer no mujer por otro tentada, más doble dos no gritará, fuerte.

LVIII

El sol ardiente en la garganta abrasada, de sangre humana empapar la tierra etrusca: el jefe coge agua, conduce a su hijo a que se vaya, cautiva dama conducida en tierra turca.

LIX

Dos asediados en ardiente furor, de sed saciada por dos tazas colmadas, el fuerte desgastado y un viejo soñador, a los genoveses de Nira muestran la taza.

LX

Los siete niños dejados como rehenes, el tercero a su hijo matará, dos serán atravesados de estocada por su hijo, Génova y Florencia quedarán expectantes.

LXI

El anciano burlado y privado de su puesto, por el extranjero que lo sobornará, alguno de sus hijos comidos ante él, los hermanos en Chantres, Orl, Ruán traicionará.

LXII

Un coronel maquinando su ambición, se apoderará de la más grande armada, contra su príncipe se confabulará, y será descubierto bajo la enramada.

LXIII

La armada celta contra los montañeses, que serán descubiertos y cogidos en trampa: los campesinos jóvenes se empujarán pronto feroces, precipitándose todos al filo de la espada.

LXIV

El desfallecido en ropa de burgués, irá a intentar su ofensa contra el rey: quince soldados, rehenes la mayor parte, última vida y jefe de su herencia.

LXV

Al desertor de la gran fortaleza, una vez haya abandonado su puesto, su adversario hará una tan grande proeza, que el emperador será pronto condenado a muerte.

LXVI

Baja el color fingido de siete cabezas rapadas, serán asombrados varios exploradores, pozos y fuentes rociadas de venenos, al fuerte de Génova humanos devoradores.

LXVII

Cuando Saturno y Marte ardan por igual, el aire muy seco larga trayectoria, por fuegos secretos de ardor gran lugar adusto, escasa lluvia, viento cálido, guerras, incursión.

LXVIII

Un lugar bien cercano —no lejano— a Venus, los dos más grandes de Asia y África: del Rin y del Híster se dirá que han venido, gritos, llantos en Malta y en la costa ligústica.

LXIX

La gran ciudad será defendida por los exiliados, los ciudadanos muertos, heridos o expulsados, los de Aquilea a Parma prometerán mostrar la entrada por los lugares no indicados.

LXX

Bien cerca de los grandes montes Pirineos, uno contra el Águila gran ejército dirigirá, abiertas las venas, fuerzas exterminadas, que hasta Pau el jefe expulsará.

LXXI

En lugar de la esposa, las hijas asesinadas, una muerte no tendrá gran culpa, en los pozos vestiduras inundadas, la esposa muerta muy cerca de Aconil.

LXXII

Los artómicos por Agen y el Estore a San Félix harán sus alocuciones: los de Basas vendrán en mala hora, tomar Condon y Marsan prontamente.

LXXIII

El sobrino mayor por fuerza probará la paz hecha del corazón pusilánime, a Ferrara y Asti el duque castigará cuando en la noche haya pantomima.

LXXIV

Del lago Lemán y los de Brannonices todos juntos contra los de Aquitania. Muchos germanos, aún más suizos, serán derrotados con los de Humania.

LXXV

Pronto a combatir hará defección, el jefe adversario obtendrá la victoria: la retaguardia se defenderá, los desfallecientes muertos en blanco territorio.

LXXVI

Los nictobrigos por los de Perigord serán vejados, luchando hasta el Ródano, la alianza de gascones y Bigorne traicionará el templo, el preste estando en púlpito.

LXXVII

El monarca Selín pacificador de Italia, reinos unidos, rey cristiano del mundo, muriendo querrá descansar en tierra blésica, después de haber expulsado del mar a los piratas.

LXXVIII

La gran armada de la pugna civil, de noche ataca la extranjera hallada, setenta muertos dentro de la ciudad, los extranjeros pasados todos por la espada.

LXXIX

Huida la sangre real, Monhurt, Mas, Eguillon, ocupadas serán de bordeleses las Landas, Navarra, Bigorra, lanzas y picas, debilitados por el hambre, devorar bellotas de Lieja.

LXXX

Cerca del gran río gran fosa, tierra labrada, en quince partes será dividida el agua: la ciudad tomada, fuego, sangre, gritos, conflicto consumado, y la mayor parte concerniente al Coliseo.

LXXXI

Puente se hará rápidamente con barcas, pasará el gran ejército del gran príncipe belga, en profundidad, y no lejos de Bruselas, una vez cruzado, separado siete de espadas.

LXXXII

Muchedumbre se acerca proveniente de Esclavonia, el viejo destructor arruinará la ciudad: muy desolada verá su Rumania, después la gran llama no sabrá extinguir.

LXXXIII

Combate nocturno el valiente capitán, vencido huirá seguido de poca gente: su pueblo emocionado, sedición no vana, su propio hijo lo tendrá asediado.

LXXXIV

Un grande de Auxerre morirá muy miserable, expulsado por los que bajo él han estado: encadenado y con fuerte cable, el año en que Marte, Venus y el Sol estarán en conjunción.

LXXXV

Un carbón blanco será calentado por el negro, hecho prisionero y llevado al chirrión: moro camello con los pies entrelazados, entonces el recién nacido el eje surcará.

LXXXVI

El año en que Saturno en el agua sea conjunto, con el Sol, el rey fuerte y poderoso. En Reims y Aix será recibido y ungido, después de las conquistas matará los inocentes.

LXXXVII

Un hijo del rey tantas lenguas aprenderá, a su predecesor un reino diferente: su suegro por su mayor hijo comprendido, hará perecer a su principal aliado.

LXXXVIII

El gran Antonio del nombre de hecho sórdida, de Ftiriasis a su último roído: uno que de plomo querrá ser ávido, pasando el puente del elegido será ahogado.

LXXXIX

Treinta de Londres conjurarán en secreto, contra su rey sobre el puente su empresa: él, fatalidades la muerte degustarán, un rey elegido rubio, nativo de Frisia.

XC

Los dos ejércitos a los muros no podrán juntarse. En ese instante temblarán Milán y Ticino: hambre, sed, duda tan fuerte les vendrá a inquietar, carne, pan, tampoco víveres tendrán, ni un solo bocado.

XCI

Al duque galo obligado a batirse en duelo, la nave Mellele a Mónaco no se acercará, injustamente acusado, a cadena perpetua, su hijo antes de la muerte intentará reinar.

XCII

Cabeza cortada del valiente capitán, será arrojada ante su adversario: su cuerpo colgado del palo por la gente, confundido huirá por remos con viento en contra.

XCIII

Una serpiente vista cerca del lecho real, será por dama en la noche, los perros no ladrarán: entonces nacerá en Francia un príncipe tan real, del cielo venido, todos los príncipes verán.

XCIV

Dos grandes hermanos serán expulsados de España, el mayor vencido en los montes Pirineos: enrojecerá el mar, Ródano, sangre Lemán de Alemania, Nabon, Bliterre, de Agath, contaminadas.

XCV

El reino a dos confiado bien poco durará, tres años y siete meses pasados harán la guerra: las dos vestales se rebelarán en contra, victoria siempre en tierra arménica.

XCVI

La hermana de las Islas Británicas, quince años antes que su hermano nacerá: por su prometido mediante verifica, sucederá al reino de la balanza.

XCVII

El año en que Mercurio, Marte y Venus retrocederán, del gran monarca su línea no fallará: elegido por el pueblo el usado cerca de Gádola, quien en paz y reino vendrá fuertemente envejecer.

XCVIII

Los albaneses entrarán en Roma, mediante Langres poblarán la mitad, marqués y duque no perdonados del hombre, fuego, sangre, muertos, sin agua, agostados los trigales.

XCIX

El valiente primogénito de la hija del rey, expulsará tan lejos a los celtas que les enviará rayo, en tan grande desconcierto. Poco y lejos, pozo profundo de las Hesperias.

C

Del fuego celeste al real edificio, cuando la luz de Marte desfallecerá, siete meses gran guerra, muerta gente de maleficio. Rouan, Evreux al Rey no se inclinarán.

CENTURIA QUINTA

I

Antes de la llegada de la destrucción céltica, dentro del templo dos parlamentarán, puñal al corazón de un caballero en corcel, y lanza, sin hacer ruido al grande enterrarán.

II

Siete conjurados en el banquete harán lucir contra los tres el hierro fuera del navío: uno hará conducir al grande de las dos flotas, cuando por el mazo el último a la frente le arroje.

III

El sucesor del ducado llegará mucho más allá del mar de Toscana: Florencia tendrá una rama gala, en su girón conforme la náutica Rana.

IV

El poderoso mastín de la ciudad expulsado será irritado por la extraña alianza, después de haber dado caza al ciervo en los campos, entre el lobo y el oso habrá desconfianza.

V

Bajo la sombra fingida de liberar de la servidumbre, el mismo usurpará al pueblo y la ciudad: lo peor lo hará mediante engaños de joven puta, entregado al campo a leer el falso proemio.

VI

El augur pondrá la mano sobre la cabeza del rey, rogará por la paz itálica: a la mano izquierda cambiará el cetro, de rey llegará a ser emperador pacífico.

VII

Serán encontrados los huesos del Triunviro, buscando un profundo y enigmático tesoro, nadie descansará en paz a su entorno por este excavar con mármol y plomo metálico.

VIII

Será dejado fuego vivo, muerto escondido, dentro de los tornados y horribles espantos, de noche la ciudad naval será reducida a polvo. La ciudad incendiada, favorable al enemigo.

IX

El gran arco será demolido por completo, por la participación del amigo del jefe cautivo: nacerá del talento de la dama, rostro desmelenado, cuando por astucia el duque será atrapado a muerte.

X

Un jefe celta herido en el conflicto, cerca de las gradas viendo a los suyos abatir muertos: por los enemigos precipitado entre sangre y heridas, y socorrido por desconocidos cuatro.

XI

El mar no pasará por los umbrales solares, los de Venus dominarán toda el África: Saturno no ocupará ya más su reino, y cambiará la parte asiática.

XII

Será conducida cerca del lago Lemán, por una joven extranjera queriendo traicionar la ciudad: antes de su homicidio gran fuga de Augsburgo, y los del Rin la invadirán.

XIII

Con gran furor el rey romano belga querrá vejar la falange bárbara: con exaltada ira expulsará a los libios desde Panonia hasta Hércules torturándoles.

XIV

Saturno y Marte en León, España cautiva, atrapada por el conflicto a causa del jefe libio, cerca de Malta la heredera capturada viva, y el cetro romano será golpeado por el gallo.

XV

Capturado el gran Pontífice mientras navegaba, al faltar el grande de los clérigos tumultuosos: el segundo elegido ausente, su bien maltratado, su bastardo favorito condenado a muerte.

XVI

Por su alto precio más sabor a lágrima, la carne humana convertida en ceniza por la muerte, la isla de Faros perturbada por los cruzados, cuando en Rodas aparecerá el duro espectro.

XVII

Pasando la noche el rey cerca de un estrecho, el de Chipre y principal vigila: descuidado el rey, la mano huye a lo largo del Ródano, los conjurados irán a darle muerte.

XVIII

De duelo morirá el infeliz perseguido, su vencedor celebrará la hecatombe: prístina ley, franco edicto redactado. El muro y el príncipe al séptimo día caen.

XIX

El gran real de oro y aumentado de bronces, rota la paz, por un joven declarada la guerra: el pueblo afligido por un lamentable jefe, de sangre bárbara será cubierta la tierra.

XX

El gran ejército atravesará los Alpes, poco antes de nacer el monstruo Vapin: prodigiosa y súbitamente regresará el gran toscano a su lugar más próximo.

XXI

Por la muerte del monarca latino, los que él habrá por el reino socorrido: el fuego lucirá dividido el botín, la muerte pública a los valientes incursos.

XXII

Antes que en Roma el grande haya rendido su alma, gran espanto en la armada extranjera: por escuadrones la emboscada cerca de Parma, después los dos rojos juntos harán comilona.

XXIII

Los dos contendientes se unirán juntos cuando la mayoría en Marte estén conjuntados: el grande de África con espanto y temblor, el duunvirato desunido por el ejército.

XXIV

El reino y la ley edificados sin Venus, Saturno tendrá sobre Júpiter el imperio: la ley y el reino por el Sol levantados soportarán lo peor por los de Saturno.

XXV

El príncipe árabe, Marte, Col, Venus, Lyon, el reino de la Iglesia por mar sucumbirá: hacia Persia bien cerca de un millón, Bizancio, Egipto, *versus serpens* invadirá.

XXVI

La gente esclava por una suerte bélica alcanzará un alto grado y tan elevado: cambiarán al príncipe, nacerá un provincial, cruzará el mar, subirá las tropas a los montes.

XXVII

Por fuego y armas no lejos del mar Negro llegará de Persia para ocupar Trebisonda: temblarán Phato, Methelin, Sol alegre, de sangre árabe cubierta la onda de Adria.

XXVIII

El brazo colgante a la pierna atado, expresión pálida, en el seno puñal escondido: presas que serán jurados de la lucha, al grande de Génova será el hierro abandonado.

XXIX

La libertad no será recobrada, la ocupará negro, arrogante, infame, inicudo, cuando la materia del puente sea librada, por Híster la república de Venecia será contrariada.

XXX

Todos alrededor de la gran ciudad estarán soldados alojados en campamentos y ciudades: dar el asalto a París, Roma incitada, sobre el puente habrá un gran saqueo.

XXXI

Por tierra antigua cúspide de la sabiduría que en el presente es la rosa del mundo: arruinada en el mar —su grado imperio—, será súbdito y náufrago de las olas.

XXXII

Donde está todo lo bueno, todo bien Sol y Luna, es abundante, su ruina se acerca: del cielo se avanza aventar tu fortuna, en el mismo estado que la séptima roca.

XXXIII

Los principales de la ciudad rebelde tratarán por recuperar la libertad: despedazar a los hombres, infeliz combate, gritos y alaridos en Nantes; lamentable ver.

XXXIV

De lo más profundo del Occidente inglés, donde está el jefe de la Isla Británica: entrará un ejército en la Girona por Elois, por el vino y sal, fuegos escondidos en las barricas.

XXXV

Por la ciudad franca del gran mártir Selín, que aún lleva en su estómago una piedra, llegará la flota inglesa bajo la niebla a tomar parte en la gran guerra abierta.

XXXVI

De la hermana el hermano por simultánea fantasía mezclará el rocío mineral: en la placenta dada a vieja tardía, muerto, el goteante será simple y rural.

XXXVII

Trescientos tendrán una voluntad y acuerdo, que para llegar al fin de su espera: veinte meses después, todos y recuerdos, su rey traicionado simulando odio fingido.

XXXVIII

Este gran monarca que al muerto sucederá dará una vida ilícita y lúbrica, por indolencia a todas concederá, que al final será necesaria la ley Sálica.

XXXIX

De la verdadera rama de flor de lis nacido puesto y alojado heredero de Etruria: su sangre antigua de larga mano tejida, hará Florencia florecer en sus armas.

XL

La sangre real estará tan mezclada, forzados será los galos de la Hesperia: se esperará que el término haya cumplido, y que la memoria de la voz haya perecido.

XLI

Nacida bajo las sombras de la jornada nocturna, será en reino y bondad soberana: hará renacer su sangre de la antigua urna, renovando el siglo de oro por el de bronce.

XLII

Marte elevado hasta el más alto torreón, hará retroceder a los Alóbroges de Francia: los lombardos causarán tan gran pavor, a los del águila comprendidos bajo la balanza.

XLIII

La gran ruina de los secretos no se aleja, Provenza, Nápoles, Sicilia, Sées y Ponce, en Germania, en el Rin y Colonia, heridos de muerte por todos los de Maguncia.

XLIV

En el mar el rojo será apresado por los piratas, la paz será por su causa turbada: la ira y el avaro se enfrentarán por acto santo, al gran Pontífice le será doblada la armada.

XLV

El gran imperio será pronto devastado, y trasladado cerca del bosque de las Ardenas, los dos bastardos: por el legítimo degollado, y reinará Enobarbo, nariz de arpía.

XLVI

Por los capelos rojos querellas y nuevos cismas, cuando haya sido elegido el Sabino: se formularán contra él grandes sofismas, y Roma será dañada por albanés.

XLVII

El gran árabe marchará bien adelante, será traicionado por los bizantinos: la antigua Rodas le pasará delante, y un mal mayor por otros Panonios.

XLVIII

Después de la gran aflicción del cetro, dos enemigos serán derrotados por ellos: el ejército de África a los Panonios empezará a marchar, por mar y tierra harán actos terribles.

XLIX

Nadie de España, sino de la antigua Francia, será elegido para la trémula barquichuela, al enemigo se le otorgará fianza, quien en su reino será peste cruel.

L

El año en que los hermanos de lis tendrán la edad, uno de ellos dominará la gran Rumania: temblarán los montes, abierto el paso Latino, la paz estará contra las fuerzas de Armenia.

LI

La gente de Dacia, de Inglaterra, Polonia y de Bohemia, harán una nueva alianza: para pasar más allá de las columnas de Hércules, barcinos y tirrenos entablarán cruel combate.

LII

Un rey hará que presenta oposición, los exiliados se levantarán en el reino: en sangre nadará la gente de la casta Hipólita, y florecerá mucho tiempo bajo tal enseña.

LIII

La ley del Sol y Venus, en ambos contenida, apropiándose el espíritu de la profecía, ni el uno ni el otro serán oídos, como base tendrá la ley del gran Mesías.

LIV

De Ponto Euxino y de la gran Tartaria, un rey vendrá a ver la Galia, atravesará Alana y Armenia y en Bizancio dejará sangrante pabellón.

LV

De la región de la Arabia feliz, nacerá poderoso de la ley mahometana, vejará España y conquistará Granada, y además por mar a la gente ligústica.

LVI

Por la muerte del muy anciano Pontífice será elegido un romando en buena edad, que será acusado de dañar el solio, y aguantará mucho tiempo y con una picante obra.

LVII

Saldrá del monte Gaulsier y Aventino, quien por el agujero dirigirá el ejército, entre dos rocas será cogido el botín, desde Sext perderá el renombre.

LVIII

Desde el acueducto de Uticense y del Garda, por el bosque y monte inaccesible, el enemigo del mar será ligado al puño, el jefe romano que será tan terrible.

LIX

A1 jefe inglés en Nimes demasiado miedo, hacia España en socorro de Enobarbo: muchos morirán por Marte iniciado ese día, cuando en Artois falta la estrella barbada.

LX

A cabeza rapada harán mal en elegir, más que lo que su cargo comporta hará: tan gran furor y rabia hará predicar, que a fuego y sangre todo sexo descuartizará.

LXI

El hijo del grande no estando en su nacimiento, subyugará los altos montes Apeninos: hará temblar a todos los de la balanza, y desde los montes fuegos hasta Mont-Genis.

LXII

Sobre los escarpados rocosos sangre se verá llover, el Sol de Oriente, Saturno occidental: guerra cerca de Orgon, en Roma gran mal se verá, naves hundidas, y ocupado el Tridental.

LXIII

En una vana empresa el honor equivocadamente defendido, galeotas errantes contra latinos, olas, frío y hambre. No lejos del Tíber de sangre la tierra teñida, y sobre los humanos caerán varias plagas.

LXIV

Los reunidos por reposo del gran número, por tierra y mar el consejo suprimido: cerca del otoño, Génova, Niza de la sombra por campos y ciudades el jefe introducido.

LXV

Súbitamente arribado el terror será grande, escondidos algunos de los cabecillas del asunto: y la dama encinta no será más vista, poco a poco serán los grandes enojados.

LXVI

Bajo los antiguos edificios vestales, no lejos del acueducto en ruinas: de Sol y Luna son los relucientes metales, ardiente lámpara Trian de oro en el botín.

LXVII

Cuando el jefe de Perusa no ofrezca su túnica sentidos a cubierto, del todo desnudos y expoliados, serán cogidos siete por el hecho aristocrático, el padre y el hijo muertos por punta en la garganta.

LXVIII

En el Danubio y en el Rin vendrá a beber el gran camello, no se arrepentirá: temblarán los del Ródano y más fuerte los del Loira, y cerca de los Alpes Gallo lo vencerá.

LXIX

No tendrá el grande más el falso sueño, la inquietud vendrá a tomar reposo: levantar falange de oro, azul y grana, subyugar África, roerla hasta los huesos.

LXX

Regiones sometidas a la Balanza harán temblar los montes por gran guerra, cautivos de ambos sexos de toda Bizancio, que se gritará el alba tierra a tierra.

LXXI

Por el furor de uno que esperará el agua, por la gran rabia toda la acción alterada: cargados de nobles diecisiete navíos, a lo largo del Ródano el mensajero llegado tarde.

LXXII

Por el placer de un edicto voluptuoso, se mezclará el veneno en la fe: Venus seguirá un curso tan virtuoso, que ofuscará toda ley del Sol.

LXXIII

La Iglesia de Dios será perseguida, y serán expoliados los templos santos, la madre pondrá a su hijo desnudo en camisa, los árabes serán aliados de los polones.

LXXIV

Un corazón germánico nacerá de sangre troyana que llegará a ser tan alta potencia: expulsará afuera extraña gente arábiga, devolviendo a la Iglesia a su prístina preminencia.

LXXV

Subirá alto sobre el bien más a la derecha, permanecerá sentado sobre la piedra cuadrada, situado en la ventana hacia el Mediodía, bastón retorcido en mano, boca férrea.

LXXVI

Tendrá su campamento en lugar liberado, y no deseará asentarse en ciudad alguna: Aix, Carpen, la isla Volce, monte Cavaillón, borrará su rastro de todos esos lugares.

LXXVII

Todos los grados honoríficos eclesiásticos serán cambiados en día quirinal: en San Marcial, Quirinal flamínico, luego lo volverá vulcanal un rey de Francia.

LXXVIII

No estarán unidos los dos mucho tiempo, y pasados trece años el bárbaro Sátrapa, por ambos lados tendrán tal pérdida, que uno bendecirá la barca y su capa.

LXXIX

Por sagrada pompa sus alas bajará, ante la llegada del gran legislador: alzará al humilde, vejará a los rebeldes, ningún imitador nacerá en la Tierra.

LXXX

Se aproximará el Ogmión Gran Bizancio, la Liga Barbárica será puesta en fuga: de las dos leyes, una, la esténica, dejará, bárbara Francia en perpetua intriga.

LXXXI

Sobre la ciudad solar el pájaro real, realizará un augurio nocturno antes de siete meses: muro de Oriente recibirá estallido de rayos y truenos, ante las puertas siete días los enemigos alerta.

LXXXII

La paz se formalizará fuera de la fortaleza, no saldrá el que estuvo desesperado: cuando los de Arbois, de Langres, contra Bresse, tendrán el monte Dolle, emboscada de enemigos.

LXXXIII

Los que tendrán empresa subvertida, incomparable reino, poderoso e invencible: actuarán con fraude, tres noches advertir, cuando el mayor leerá la Biblia en la mesa.

LXXXIV

Nacerá del abismo y ciudad desmesurada, nacida de padres oscuros y tenebrosos: que el poder del gran rey reverenciado, querrá destruir por Ruán y Evreux.

LXXXV

Por los Suevos y lugares circundantes, estarán en guerra a causa de muchedumbres: gámbaros marinos, langostas y mosquitos, del Lemán yerros serán bien encuerados.

LXXXVI

Por las dos testas, y tres brazos separados, la gran ciudad por aguas será vejada: los grandes de entre ellos por el exilio perdidos, por testa persa Bizancio muy presionada.

LXXXVII

El año que Saturno esté fuera de órbita, de los francos terrenos serán de agua inundados: de sangre troyana será su matrimonio, y será hermana de españoles circundada.

LXXXVIII

Sobre la arenilla, por un odioso diluvio, de los otros mares encontrado monstruo marino: cercano del lugar se hará un refugio, teniendo a Savona esclava de Turín.

LXXXIX

En el interior de Hungría, por Bohemia, Navarra, y por estandarte santas sediciones: por flores de lis país llevando el asta, contra Orleáns provocará emociones.

XC

En las Cícladas, en Perinto y Larissa, dentro de Esparta y en todo el Peloponeso: hará tan gran carestía, peste falsamente conocida, nueve meses tendrá y todo el Querronesa.

XCI

En el gran mercado que llaman de los embusteros, de todo Torrente y campo ateniense: serán sorprendidos por la caballería ligera, por Marte Albanés, Leo, Sat, un Acuario.

XCII

Después del asedio mantenido durante diecisiete años, cinco cambiarán en tal término cumplido: después será elegido simultáneamente, quien no será muy del gusto de los romanos.

XCIII

Bajo el dominio del redondo globo lunar, cuando será dominante Mercurio: la Isla de Escocia hará una luminaria, que a los ingleses llevará a la ruina.

XCIV

Trasladará a la Gran Germania, Brabante y Flandes, Gante, Brujas y Bolonia, la tregua santa, el gran duque de Armenia, asaltará Viena y Colonia.

XCV

Náutico remo invitará a las sombras, el gran imperio entonces vendrá a concitar: el mar Egeo de las líneas los estorbos, impidiendo que vuelva a flotar la onda tirrena.

XCVI

En el medio del gran mundo la rosa, por nuevos acontecimientos sangre pública derramada: a decir verdad se tendrá la boca cerrada, entonces, según la necesidad, llegará tarde el esperado.

XCVII

El nacido deformado por horror sofocado, en la ciudad habitable del gran rey: revocado el edicto severo de los cautivos, granizo y truenos, perdón inestimable.

XCVIII

Con cuarenta y ocho grados de temperatura, al terminar la influencia de Cáncer tan gran sequía: peces en el mar, ríos, lago desecado, Bearne, Bigorra, en extrema miseria por fuego del cielo.

XCIX

Milán, Ferrara, Turín y Aquilea, Capua, Brindisi, ultrajadas por pueblos célticos: por el león y la falange aguileña, cuando Roma tendrá el anciano caudillo británico.

C

El botafuego atrapado por su propio fuego, de fuego celestial a Carcas y Cominge, Foix, Aux, Mazere, el insigne anciano fugado, por los de Hesse, de Sajonia y Turingia.

CENTURIA SEXTA

I

Alrededor de los montes Pirineos una muchedumbre de extranjeros para socorrer al nuevo rey: cerca de Garona y del gran templo de Mas, un jefe romano la temerá en el agua.

II

En el año quinientos ochenta, más o menos, se esperará el siglo bastante extraño: en el año setecientos, y con tres cielos por testigos, en el que varios reinos, de uno a cinco, cambiarán.

III

Río que agita al recién nacido Céltico, estará en gran controversia con el imperio: el joven príncipe, por gente de la Iglesia, desviará el cetro coronal de concordia.

IV

El río Céltico cambiará de orilla, no resistirá más la ciudad de Agripina, todo cambiará salvo la antigua lengua, Saturno, Leo, Marte, Cáncer, en rapiña.

V

Tan gran carestía por ola pestífera, por duradera lluvia a lo largo del Polo Ártico, Samatobryn cien leguas del hemisferio, vivirán sin ley, exentos de política.

VI

Hará su aparición por el Septentrión, no muy lejana de Cáncer, la estrella melenuda, Susa, Siena, Boecia, Eretrión, morirá un grande de Roma, desaparecida la noche.

VII

Noruega y Dacia, y la Isla Británica, por los hermanos unidos serán vejadas, el jefe romano nacido de sangre gálica, y las tropas rechazadas en los bosques.

VIII

Aquellos que se encontraban en el reino para aprender, se verán perjudicados por el cambio real: unos exiliados, sin tener oro, letrados y letras no serán muy apreciados.

IX

En los templos serán hechos escándalos, contados serán por honor y alabanzas, de uno que se grabe de plata, de oro las medallas, el fin se hallarán en tormentos muy extraños.

X

Un poco de tiempo los templos de colores, de blanco y negro los dos mezclados: rojos y amarillos les parecerán propios, sangre, tierra, peste, fuego de agua enloquecido.

XI

De siete retoños a tres serán reducidos, los primogénitos serán sorprendidos por muerte, por el fratricidio los dos serán seducidos, los conjurados durmiendo serán muertos.

XII

Poner en pie de guerra tropas para llegar al Imperio, del Vaticano la sangre real resistirá: flamencos, ingleses, España con Aspirio, contra Italia y Francia contenderá.

XIII

Un dudoso no vendrá de muy lejos del reino, la mayor parte lo querrá apoyar, un capitolio no querrá de forma alguna que reine, su gran carga no podrá mantener.

XIV

Alejado de sus tierras, el rey perderá la batalla, casi huido acosado por los perseguidores preso, ignora preso bajo la malla dorada, bajo un fingido hábito y el enemigo le sorprendió.

XV

El príncipe será hallado bajo la tumba, que tendrá el premio por encima de Nuremberg, el rey español con Capricornio poco favorable, engañado y traicionado por el gran Guttenberg.

XVI

El que será arrebatado del joven Milvio, por los normandos de Francia y Picardía, los negros del templo del lugar de Negrisilve, harán albergue y fuego en Lombardía.

XVII

Después de las limas quemadas por los burreros, serán obligados a cambiar varios de sus hábitos, los Saturninos quemados por los molineros, aparte de la mayoría que no serán cubiertos.

XVIII

Desahuciado el gran rey por los físicos por suerte, no destreza, del Ebrien, está vivo, él y su yerno empujados al alto reino, gracia otorgada a la gente que envidia a Cristo.

XIX

La verdadera llama engullirá a la dama, que querrá arrojar al fuego a los inocentes, poco antes del asalto el ejército se inflama, cuando en Sevilla sea visto monstruoso buey.

XX

La unión fingida tendrá poca duración, algunos habrán cambiado, la mayoría reformados, en los barcos habrá gente endurecida, entonces Roma tendrá un nuevo leopardo.

XXI

Cuando estén reunidos los del Polo Ártico, en Oriente gran espanto y temor: elegido uno nuevo, el grande sostenido tiembla, Rodas, Bizancio, con sangre Bárbara teñida.

XXII

En el interior de la tierra del gran Templo Céltico, en Londres sobrino lastimado por fingida paz: la barca pasará a ser entonces cismática, libertad fingida será de cuerno y grito.

XXIII

El espíritu de reino será desacreditado con dureza, y pueblos se alzarán en armas contra un rey: conseguida de nuevo la paz, empeoradas las santas leyes, después de ser raptado y puesto en tan gran temor.

XXIV

Marte y el cetro se aliarán, bajo la influencia de Cáncer calamitosa guerra: poco tiempo después un nuevo rey será coronado, que por largo tiempo pacificará la Tierra.

XXV

La monarquía será contrariada por Marte, del gran pescador en ruinoso desconcierto: joven negro rojo tomará la jerarquía, los traidores vendrán en día brumoso.

XXVI

La sede se mantendrá unos cuatro años, uno de vida libidinosa sobrevendrá: Rávena, Pisa, Verona sostendrán su poder, para alzar la envidiada cruz de Papa.

XXVII

En el interior de las islas de los cinco ríos por el creciente del gran Chyrén Selín: por las lloviznas del aire, furor de ese uno, seis escapados, escondidos fardos de lino.

XXVIII

El gran Céltico entrará en Roma, dirigiendo muchedumbres de exiliados y proscritos: el gran pastor condenará a muerte a todos los hombres, que por el gallo estuvieran unidos a los Alpes.

XXIX

La viuda santa escuchando las noticias, desde sus ramificaciones puesta en perplejidad y turbación: quien será inducido a apaciguar las controversias, por su acoso de las razas quedará colmado.

XXX

Por la apariencia de falsa santidad, será traicionada por los enemigos de la sede: noche en que se confiaba en dormir con seguridad, cerca de Brabante irán los de Lieja.

XXXI

El rey encontrará lo que tanto deseaba, cuando el prelado sea reprendido injustamente: respuesta al duque disgustará, quien en Milán a varios matará.

XXXII

Por traición a muerte de vergajos batido, luego será superado por su desorden: odio frívolo consejo por el gran cautivo, nacido por furor cuando Berich venga a morder.

XXXIII

Su última mano sanguinaria por Alus, no se podrá garantizar por mar: entre dos ríos temerá la mano militar, el iracundo negro le hará arrepentirse.

XXXIV

De fuego volante la máquina, vendrá a turbar al gran jefe asediado: en el interior habrá tal sedición, que en desesperación estarán los derrotados.

XXXV

Cerca de Rion, y junto a la blanca lana, Aries, Tauro, Cáncer, Leo, Virgo, Marte, Júpiter, el Sol hará arder gran llanura, bosques y ciudades, letras ocultas en el cirio.

XXXVI

Ni bien ni mal por la batalla terrestre, ni llegará a los confines de Perusa: rebelde Pisa, ver malestar en Florencia, el rey herido en noche sobre mulo de negros arreos.

XXXVII

La obra antigua llegará a su fin, desde el techo caerá sobre el grande una mala ruina: a un inocente a muerte se le acusará, culpable escondido, setos bajo las brumas.

XXXVIII

A los deseosos de paz los enemigos, tras haber superado Italia, negro sanguinario, rojo será cometido, fuego, sangre derramar, agua coloreada de sangre.

XXXIX

El hijo del reino por paternal prisión, expoliado será para libertar: cerca del lago Trasimeno cogido el azul, la tropa rehén por embriagarse demasiado.

XL

Grande Maguncia para aplacar gran sed, será privado de su gran dignidad, los de Colonia tan vivamente se lamentarán, que el grande será lanzado de espaldas al Rin.

XLI

El segundo jefe del reino de Dinamarca, por los de Frisia y la Isla Británica, hará gastar más de cien mil marcos, en una vana explotación de viaje a Italia.

XLII

El reino será dejado por Logmión, del gran Selín, que realizará un hecho más: por las Italias extenderá su enseña, era regido por prudente contrahecho.

XLIII

Estará mucho tiempo sin ser habitada, donde el Sena y Marne riegan sus riberas: del Támesis y por marciales atacada, sus guardias creyéndolos rechazar.

XLIV

De la noche aparecerá el iris por Nantes, artilugios marinos provocarán la lluvia: en el abismo arábigo se hundirá la gran flota, en Sajonia nacerá de oso y cerda gran monstruo.

XLV

El gobernador del reino muy discreto, no queriendo consentir tiene propuesta real: maltesa flota por el viento contrario, lo entregará a su más desleal.

XLVI

Un justo será devuelto al exilio, por pestilencia a los confines de Noruegle: respuesta al rojo lo hará descarriado, rey retirando a la Rana y al Águila.

XLVII

Entre dos montes los grandes reunidos, abandonarán su disimulado secreto: Bruselas y Dolle por Langres abrumados, para ejecutar su peste en Malinas.

XLVIII

La santidad excesivamente fingida y seductora, acompañada de una lengua discreta: la vieja ciudad, y Parma muy prematura, Florencia y Siena volverán a estar desiertas.

XLIX

Del lado de Mammer gran Pontífice, subyugará los confines del Danubio: arrojar las cruces, por hierro y pillaje, cautivos, oro, sortijas más de cien mil rubíes.

L

En el interior de los pozos serán hallados los huesos, el incesto será cometido por la madrastra: el Estado cambiado, se deseará ruido y escándalo y tendrá Marte esperando para su astro.

LI

Pueblo reunido ver nuevo espectáculo, príncipes y reyes entre muchos asistentes: pilares hundirse, muros, más como milagro, el rey salvado y treinta de los siguientes.

LII

En el puesto del grande que será condenado, fuera de la prisión, su amigo en su lugar: la esperanza del Troyano en seis meses junto muerta nacida, el Sol en la urna serán pintados ríos en el hielo.

LIII

El gran prelado céltico del rey sospechoso, de noche saldrá fuera del reino por curso: por duque fértil a su gran rey de Bretaña, Bizancio a Chipre y Túnez no sospechoso.

LIV

Al despuntar el día al segundo canto del gallo, los de Túnez, de Fez y de Begie: cautivo el rey de Marruecos por los árabes, el año mil seiscientos y siete de Liturgia.

LV

Al calmado duque, arrancando el espacio vela arabesca ver, súbitamente descubierta: Trípoli, Chíos y los de Trapesonce, preso el duque, Marnegro y la ciudad desierta.

LVI

La temida armada del enemigo Narbón, aterrorizará mucho a las Hespéricas: Perpiñán vaciado por el ciego darbón, entonces Barcelona por mar dará las armas.

LVII

Aquel que está desde mucho antes que el reino, teniendo jefe rojo próximo a la jerarquía: áspero y cruel, y se hará tanto temer, sucederá a la sagrada monarquía.

LVIII

Entre los dos monarcas alejados, cuando el Sol por Selín claro perdido: gran similitud entre dos indignados, que a las islas y Siena la libertad devuelta.

LIX

Dama en furor por rabia de adulterio, iniciará conjuras innumerables contra su príncipe: pero en breve será atajado el vituperio, que diecisiete serán enviados al martirio.

LX

El príncipe fuera de su territorio céltico será traicionado, decepcionado por intérprete: Ruán, Rochelle por los de Armórica, en el puerto de Balue engañados por clérigos y monjes.

LXI

El gran tapiz enrollado no enseñará, más que a medias la mayor parte de la historia: arrojado lejos del reino áspero aparecerá, que en el hecho bélico cada uno llegará a creerlo.

LXII

Demasiado tarde los dos las flores estarán perdidas, contra la ley serpiente no querrá actuar: de las fuerzas aliadas por galopes confundidas, Savona, Albenga, por monje gran martirio.

LXIII

La dama sólo habitará en el reino, el único siendo el primero en el lecho del dolor: será atormentada durante siete años por el dolor, luego, larga vida en el reino por gran felicidad.

LXIV

No se mantendrá tratado de paz alguno, todos los interesados obrarán con engaños: de paz y tregua, tierra y mar protestado, por Barcelona flota tomada con habilidad.

LXV

Gris y despacho semiabierta guerra, de noche serán asaltados y pillados: despacho tomado será pasado con furia, su templo abrero, dos asados en la parrilla.

LXVI

En el fundamento de la nueva secta, se hallarán los huesos del gran romano: aparecerá cubierto sepulcro de mármol, tierra temblar en Auril, mal enterrados.

LXVII

Al gran imperio le sucederá otro muy diferente, bondad alejada más de la felicidad: regido por uno surgido no lejos de la plebe, corromper reinos y gran infelicidad.

LXVIII

Cuando soldados con furor sedicioso, hicieron brillar (el hierro) de noche contra su jefe: enemigo de Alba sea por furiosa mano, entonces vejar Roma, y seducir a los principales.

LXIX

La piedad será grande sin tardar mucho, los que daban serán obligados a tomar: desnudos, muertos de frío, sed, malheridos, los montes pasar causando gran escándalo.

LXX

El gran Chyrén será el jefe del mundo, ningún otro más amado, temido, respetado: su renombre y alabanzas los cielos sobrepasarán, y del solo título de vencedor estará muy contento.

LXXI

Cuando se llegue a emparentar al rey, antes de que tenga el alma rendida del todo: aquel que le vendrá menos a lamentarse, por leones, de águilas, cruz, corona vendida.

LXXII

Por furor fingido de emoción divina, será violada la mujer del gran fuerte: jueces queriendo condenar esa doctrina, víctima inmolada al pueblo ignorante.

LXXIII

En gran ciudad un monje y artesano, cerca de la puerta alojado y en las murallas: contra Módena secreto, cauto al hablar, hacer traicionar su color de esponsales.

LXXIV

La deshechada al reino volverá, sus enemigos hallados de los conjurados: más que nunca su tiempo triunfará, tres y setenta a muerte demasiado asegurados.

LXXV

El gran piloto será mandando por el rey, dejar la armada para ocupar un puesto más alto: siete años después será contraatacado, bárbara armada vendrá Venecia a temer.

LXXVI

La ciudad antigua de antenorada forja, no pudiendo ya más al tirano soportar: el mango disimulado al templo cortar garganta, los suyos el pueblo a muerte vendrá a condenar.

LXXVII

Por la victoria del burlado fraudulento, de dos ejércitos uno, la revuelta Germania: el jefe asesinado y su hijo en la tienda, Florencia, Imola perseguidas en Romaña.

LXXVIII

Cantar victoria del gran Selín creciente, por los romanos será el águila aclamada: Ticino, Milán y Génova lo consienten, después por ellos mismos Basil gran reclamado.

LXXIX

Cerca de Tesín los habitantes del Loyra, Garona y Saona, Sena, Tain, Gironda: más allá de las montañas erigirán un promontorio, conflicto dado, protegido Pau, sumergida ola.

LXXX

Desde Fez el reino llegará a los de Europa, fuego su ciudad y espada cortará: el grande de Asia tierra y mar con gran mesnada, que azules, persas, cruz, a muerte conducirá.

LXXXI

Llantos, gritos y lamentos, alaridos, espanto, corazón inhumano, cruel, negro y despavorido: Lemán, las islas de Génova las mayores, sangre derramada, frío, hambre, gracias a nadie.

LXXXII

Por los desiertos del lugar libre y salvaje, llegará a errar sobrino del gran Pontífice: descalabrado por siete obispos con pesado tronco, por los que después ocuparán Cyle.

LXXXIII

El que tendrá tanto honor y caricias, en el momento de su entrada en la Galia belga: posteriormente cometerá tantas rudezas, y estará contra la flor tan bélica.

LXXXIV

El que en Esparta Claudio no puede reinar, hará tanto por la vía de la seducción: que da un corto, largo, lo hará arañar, que contra el rey elaborará sus perspectivas.

LXXXV

La gran ciudad de Tarsia por los galos será destruida, cautivos todos en Turbante: ayuda por el mar del gran Portugalés, primero de verano, el día de San Urbano.

LXXXVI

El gran prelado un día después de su sueño, interpretado en contra de su sentido: de Gascuña le llegará un monje, que hará elegir al gran prelado de Sens.

LXXXVII

La elección hecha en Frankfurt no tendrá lugar, Milán se opondrá: su más cercano parecerá tan fuerte, que más allá del Rin a los moros expulsará.

LXXXVIII

Un gran reino quedará arrasado, cerca del Ebro se harán asambleas: los montes Pirineos le darán consuelo, cuando en mayo hayan temblado las tierras.

LXXXIX

Entre dos cepos pies y manos atadas, de miel el rostro untado y con leche sostenido: avispas y moscas fétidas, amor disgustado, previsiones falseadas, Cyfe tentada.

XC

El abominable apestante deshonor, después del hecho será felicitado: el gran excusado, para no ser favorable, que a una paz Neptuno no será incitado.

XCI

Del conductor de la guerra naval, rojo desenfrenado, severo, horrible aversión: cautivo del mayor escapado en la basta, cuando nacerá del grande un hijo Agripa.

XCII

Príncipe de belleza tan venerada, ante el jefe conducido, el segundo hecha traición: la ciudad con la espada de polvo faz adusta, por un muy gran asesinato el jefe por el rey odiado.

XCIII

Prelado avaro por la ambición engañado, nada será demasiado para que no llegue a pedir: sus mensajeros, y él bien atrapado, al revés ver quién el tronco cortaría.

XCIV

El rey airado estará contra los perjuros, cuando estén prohibidos los arneses de la guerra: el veneno teñido al azúcar por las fresas, por las aguas magullado, muertos diciendo "hiere, hiere".

XCV

Por detractor calumniado el después nacido, cuando serán hechos enormes y marciales: la mínima parte al mayor dudosa, y pronto del reino se harán partes.

XCVI

Gran ciudad a los soldados abandonada, nunca mortal viera tumulto tan inminente: ¡oh, qué horrible mortandad se aproxima! Ninguna ofensa será perdonada.

XCVII

Cinco y cuarenta grados el cielo arderá, fuego aproximar a la nueva gran ciudad, instantáneamente dispersa la gran llama asaltará dispersa, cuando se querrá de los normandos hacer una prueba.

XCVIII

Arruinada en los Vosgos por miedo tan terrible, su gran ciudad manchada, hecha pestilente: saquear Sol, Luna, y violar templos, y los dos ríos enrojecer por la sangre que corre.

XCIX

El enemigo docto se volverá confuso, gran campo enfermo y de hecho por emboscadas: montes Pirineos y Poeno le serán efectuadas negativas, cerca del río descubriendo antiguas bases.

C

Hija de la Aurora, asilo del malsano, donde hasta el cielo se ve el anfiteatro: prodigio visto, tu mal está muy cercano, será cautiva, y a veces más de cuatro.

CENTURIA SÉPTIMA

I

El arco del tesoro por Aquiles engañado, a los procesados comunicada la cuadrangular: el cómo del hecho real será sabido, cuerpo visto colgado según voluntad popular.

II

Por Marte abierto Arlés le dará la guerra, de noche serán los soldados sorprendidos: negro, blanco de la India disimulado en tierra, bajo la fingida sombra veréis y escucharéis a los traidores.

III

Después de Francia, la victoria naval, los barquinonenses, salinones, los focenos: hiedra de oro, el yunque con la bala fundida dentro, los de Tolón estarán de acuerdo con el engaño.

IV

El duque de Langres asediado en Dolle, acompañado de Autun y lioneses: Ginebra, Augsburgo, aliados con los de Mirandola, atravesar los montes contra los anconetanos.

V

Vino sobre la mesa será derramado, el tercero no tendrá lo que pretendía: dos veces el negro de Parma descendido, Perusa a Pisa hará lo que anhelaba.

VI

Nápoles, Palermo y toda Sicilia, por mano bárbara serán inhabitables, Córcega, Salerno y de Cerdeña la isla, hambre, peste, guerra, fin de los males intentado.

VII

En el combate de los caballos ligeros, se gritará el gran creciente confundido: de noche matar en las montañas refugios de pastores, abismo rojo en el foso profundo.

VIII

Flora, huye, huye más cercano el romano, en Fesulán habrá conflicto: sangre esparcida, los más grandes capturados con la mano, ni templo ni sexo serán perdonados.

IX

La dama en ausencia de su gran capitán será suplicada de amor por el virrey, falsa promesa y desgraciado presente, entre las manos del gran príncipe Barés.

X

Por el gran príncipe vecino de Mans, bravo y valiente jefe del gran ejército: por mar y tierra de galos y normandos, pasar más allá de Barcelona e isla saqueada.

XI

El infante real despreciará a la madre, ojos, pies heridos, rudo, desobediente: nuevas a la dama extraña y bien amargas, serán muertos de los suyos más que quinientos.

XII

El gran segundón pondrá fin a la guerra, a los dioses reunidos los excusados: Cahors, Moissac irán lejos de la sierra, rechazado Lestore, los Angenois destruidos.

XIII

De la ciudad marina y tributaria, la testa rasa tomará la satrapía: expulsar sórdido que después será contrario, por catorce años tendrá la tiranía.

XIV

Falsa exposición se convertirá en topografía, serán abiertos los féretros en los templos: pulular de sectas, santa filosofía, para blancas, negra y para antiguas verdes.

XV

Ante la ciudad de la comarca de Insubria, siete durará el asedio iniciado delante: el muy grande rey hará en ella su entrada, ciudad más libre fuera de sus enemigos.

XVI

Entrada profunda por la gran reina hecha, convertirá el lugar en poderoso e inaccesible: el ejército de los tres leones será deshecho, provocando dentro un caos horroroso y terrible.

XVII

El príncipe raro de piedad y clemencia, vendrá a cambiar por muerte gran conocimiento: por gran reposo el reino trabajado, cuando el grande será castigado pronto.

XVIII

Los sitiados camuflarán sus armas, siete días después harán cruel salida: mientras rechazados, fuego y sangre, siete muertos con el hacha, dama cautiva que habrá tejido la paz.

XIX

El fuerte Niceno no será combatido, vencido será por rutilante metal: su hecho será por largo tiempo debatido, para los ciudadanos extraño espantajo.

XX

Embajadores de la Toscana lengua, abril y mayo, Alpes y mar pasados: aquel de becerro expondrá la arenga, vida gálica no viniendo a eclipsar.

XXI

Por pestilente enemistad Vólsica, disimulada expulsará el tirano: en el puente de Sorgues se hará el tráfico, de llevar a la muerte a él y a su secuaz.

XXII

Los ciudadanos de Mesopotamia irán al encuentro de amigos de Tarragona: juegos, ritos, banquetes, toda la gente adormilada, vicario en el Ródano, capturada ciudad, aquellos de Ausonia.

XXIII

El cetro real se verá obligado a tomar, lo que sus predecesores habían pretendido: después de que el anillo se hará oír mal, cuando se venga a saquear el palacio.

XXIV

El sepultado saldrá de la tumba, hará con cadenas atar el fuerte al mar: envenenado con huevos de Barbio, grande de Lorena para el marqués du Pont.

XXV

Por tan larga guerra el tesoro gastado, que para los soldados no habrá peculio: en lugar de oro y plata, cuero se llegará a acunar, bronce galo, símbolo creciente de la Luna.

XXVI

Fustas y galeras en torno a siete navíos, será librada una guerra mortal: el jefe de Madrid recibirá golpe de varones, dos escapados y cinco llevados a tierra.

XXVII

Al lado de Vasto la gran caballería, cerca de Ferrara impedida por el bagaje: pronto en Turín harán tal robo, que en el fuerte raptarán sus rehenes.

XXVIII

El capitán dirigirá gran rapiña, sobre la montaña de los enemigos más cercana: rodeado por fuego hará tal vía, todos fugados, ahora bien treinta llevados al asador.

XXIX

El gran duque de Alba llegará a rebelarse, a sus antepasados les hará traición: el grande de Guisa llegará a vencerlo, cautivo llevado y erigido monumento.

XXX

El saqueo se acerca, fuego, mucha sangre derramada, Po, grandes ríos, de los boyeros de la empresa, de Génova, Niza después de larga espera, Fossar, Turín, de Savillán presa.

XXXI

De Languedoc, y Guyena más de diez, mil querrán los Alpes atravesar de nuevo: grandes Alóbroges ir contra Brundis, Aquin y Bresse volverán a ser recuperadas.

XXXII

Del monte real nacerá de una prosapia, quien cava, y cuenta vendrá a tiranizar, Erigir copias de la marcha Millane, Favencia, Florencia, de oro y gente agotar.

XXXIII

Por fraude reina, fuerzas expoliar, la flota obsesionada, pasajes a la espía, dos santos amigos vendrán a aliársele, despertar odio durante largo tiempo adormecido.

XXXIV

En gran pesar estará allá la gente gala, corazón vano, ligero creerá temeridad: pan, sal, no vino, agua, veneno ni cerveza, más grande cautivo, hambre, frío, necesidad.

XXXV

La gran lonja se lamentará, llorará, de haber elegido, equivocados estarán en la edad: caudillo con ellos no querrá residir, defraudado será por los de su lengua.

XXXVI

Dios, el cielo, todo el verbo divino en onda, llevado por siete rojos ruinas a Bizancio, contra los ungidos trescientos de Trebisonda, dos leyes impondrán, y horror, después creencia.

XXXVII

Diez enviados, jefe de nave condenar a muerte, por uno advertido, en el ejército guerra abierta confusión, jefe, uno se pincha y muerde, Leryn, varadas naves, jefe dentro del agua.

XXXVIII

El primogénito real sobre corcel caracoleando, zaherido vendrá, de tan duro correr: boca, labio, pie en el estribo lamentando, arrastrado, tirado, horriblemente morir.

XXXIX

El conductor del ejército francés, evitando de perder la principal falange: por encima del pavimento de roca y pizarra, afondará por Génova gente extranjera.

XL

Dentro de toneles por fuera untados de aceite y grasa, serán veintiuno ante el puerto cerrado: en la segunda ronda harán proeza, ganadas las muertas, y los de la ronda matados.

XLI

Los huesos de los pies y de las manos apretados, por ruido casa largo tiempo deshabitada: estarán por sueños cavando desenterrados, casa salubre y sin ruido habitada.

XLII

Dos de los peces capturados por los recién llegados, en la cocina del gran príncipe entregar: por el desagüe los dos al hecho conocidos, preso quien trata al primogénito vejar.

CENTURIA OCTAVA

I

Po, nacido, Loron más a fuego que a sangre será, laude nadar, huir el grande de los perseguidores: los acosará e ingreso rechazará, Pampón, Duranza los tendrá encerrados.

II

Condon y Aux y alrededor de Miranda, yo veo del cielo fuego que los rodea: Sol, Marte en conjunción en Leo, después Marmanda, rayo, gran pedrisco, muro cae en Garona.

III

En el castillo fuerte de Vigilanne y Resviers será encerrado el recién nacido en Nancy: dentro de Turín serán quemados los primeros cuando de duelo Lyon estará transido.

IV

En el interior de Monech el Gallo será recibido, el cardenal de Francia aparecerá, por la legación romana será engañado, debilidad del Águila, y fuerza del Gallo nacerá.

V

Aparecerá templo relucientemente, la lámpara y el cirio en Borne y Bretueil, por Lucerna el cantón desviado, cuando se verá al gran Gallo en el féretro.

VI

Claridad fulgurante en Lyon aparece brillante, Malta ocupada, súbitamente será apagada: sardos, moriscos, tratará engañando, Ginebra con Londres al Gallo traición fingida.

VII

Verceil, Milán dará inteligencia. En el interior de Tycin será hecha la herida: correr por Senaagua, sangre, fuego por Florencia, una elección de arriba hacia abajo haciendo buen tiempo.

VIII

Cerca de Linterna, en toneles cerrados, Chivaz hará para el Águila la intriga: el elegido, quebrantado él, su gente encerrada. Dentro de Turín rapto esposa conducida.

IX

Mientras el Águila y el Gallo en Savona estarán unidos, mar, Levante y Hungría: el ejército en Nápoles, Palermo, Marca de Ancona, Roma, Venecia por Barba horrible grita.

X

Pestilencia grande surgirá en Lausana, que no se sabrá el origen del acontecimiento: se arrojará fuera a toda la gente lejana, fuego divisado en el cielo, pueblo extranjero deshecho.

XI

Pueblo infinito aparecerá en Vicense sin fuerza, fuego quemar la basílica: cerca de Lunage derrotado grande Valence, cuando Venecia por muerte tome arma.

XII

Aparecerá después de Buffalore, el alto prócer entrado en Milán, el abad de Foix con los de San Morre, harán bribonadas con hábitos de villano.

XIII

El cruzado hermano por amor desenfrenado hará por Preto a Belerofón morir, tropas de mil años la mujer furiosa bebe el brebaje, ambos morir después.

XIV

El gran crédito de oro y plata en abundancia, cegará por codicia al honor, será conducida de adulterio la ofensa, que conducirá a su gran deshonor.

XV

Hacia Aquilón grandes esfuerzos de masas humanas, casi Europa y el Universo vejar, a las dos iglesias pondrá en tal aprieto, y a los Panonios vida y muerte reforzar.

XVI

En el lugar donde Hierón hizo su nave fabricar, tan gran diluvio habrá y tan súbito, que no habrá lugar ni tierras en las qué cobijarse, la ola alcanzará Fesulano Olímpico.

XVII

Los bien acomodados súbitamente serán desposeídos, por los tres hermanos el mundo puesto en turbación: ciudad marina cogerán los enemigos, hambre, fuego, sangre, peste y todos los males el doble.

XVIII

De Flora salido de su muerte será causa, un tiempo antes por joven y vieja confusión: por los tres lises le harán tal pausa, por su fruto silvestre como carne cruda y madura.

XIX

Al sostener la gran capa enturbiada, para aclararla los rojos irán: de muerte familia será casi oprimida, los rojos al rojo descalabrarán.

XX

El falso mensaje por elección fingida, correr por urbe destrozada esperanza perdida: voces aceptadas, de sangre capilla teñida, y a otro el imperio entregado.

XXI

En el puerto de Adge tres fustas entrarán, levantando la infección, no fe, y pestilencia: pasando el puente mil millares temblarán, y el puente romper hasta la tercera resistencia.

XXII

Gorsan, Narbona, por la sal advertir, Tuchan, la gracia Perpiñán traicionada, la ciudad roja no querrá consentir, por gran robo paño gris vida quebrada.

XXIII

Cartas halladas en los cofres de la reina nada de firma y sin ningún nombre de autor: por la policía serán ocultados los presentes, de forma que no se sabrá quién sea el amante.

XXIV

El teniente de la entrada del portal aniquilará al grande de Perpiñán, tratando de salvarse en Montpertuis, será engañado el bastardo de Losignan.

XXV

Corazón del amante abierto de amor ferviente en el arroyo encantará a la dama: el medio mal falseará cansada, el padre a los dos privará cuerpos del alma.

XXVI

De Catón es encontrado en Barcelona, puesto en lugar abierto, pedregoso y alejado, el grande que tiene y no tiene querrá Pamplona, por la abadía de Montserrat brumas.

XXVII

La vía en la cual uno sobre otro fornican, puesto fuera del más desierto bravo y con agallas, el escrito del emperador de Fénix Uru a quien lo que para ningún otro es.

XXVIII

Los simulacros de oro y plata inflad, que después del rapto al fuego fueron arrojados, al descubierto extinguidos todo y enturbiados, en el mármol esculpido, lo prescrito interponed.

XXIX

En la cuarta columna donde se venera a Saturno, por temblante tierra y diluvio interrumpido: bajo el edificio Saturnino hallada urna, de oro Capión dichoso y luego rendido.

XXX

En el interior de Toulouse no lejos de Beluzer, haciendo un pozo lejos, palacio del espectáculo, tesoro encontrado, cada uno irá a vejar, y en dos lugares todo y no lejos del templo.

XXXI

Primer gran fruto del príncipe de Persquiere, pero luego vendrá un grande y cruel maligno, en Venecia perderá su gloria orgullosa, y degradado por el más alegre Celino.

XXXII

Guárdate rey galo de tu sobrino, que hará tanto que tu único hijo, será asesinado en Venus haciendo votos, acompañado de noche por tres y seis.

XXXIII

El grande nacerá de Verona y Vicenze, que llevará un apodo muy indigno: quien en Venecia querrá tener venganza, el mismo considerado hombre de acecho y signo.

XXXIV

Después de la victoria de Lyon sobre Lyon en la montaña de Jura hecatombe: Delves y Brodes séptimo millón, Lyon, Ulm en Mansol muerte y tumba.

XXXV

En la entrada del Garona y Bayse, y el bosque no apartado de Damazán: marismas heladas, después de granizo y viento frío, hielo en Dordonia por error de Mezán.

XXXVI

Será encargado ungir conde proclamado, de Saulne y San Albino y Bel la obra: pavimentar de mármol desde torres otea, no conseguirán resistir y obra maestra.

XXXVII

La fortaleza próxima al Támesis caerá por aquella época, el rey dentro encerrado, junto al mar será visto en camisa, uno delante muerto, después en el fuerte atrincherado.

XXXVIII

El rey de Blois en Aviñón reinar, otra vez el pueblo en monopolio, en el Ródano por el mar hará bañar hasta cinco justo el último cerca de Nolle.

XXXIX

Quien habrá estado por príncipe bizantino, será expulsado por príncipe de Toulouse: la fe de Foix por el jefe Tolentino, le fallará, no repudiando a la esposa.

XL

La sangre del justo por Taurer la dorada, para vengarse contra los saturninos, en el nuevo lago sumergirán la mesnada, después marcharán contra los albanos.

XLI

Elegido será Renard sin sonar palabra alguna, demostrando su santidad públicamente, viviendo de pan de cebada, tiranizará luego tanto como un gallo, poniendo el pie sobre la garganta de los más grandes.

XLII

Por avaricia, por fuerza y violencia, llegará a vejar a los suyos jefes de Orleáns, cerca de San Memir asalto y resistencia, muerto en su tienda dirán que duerme en diván.

XLIII

Por la decisión de dos cosas bastardas, sobrino de sangre ocupará el reino, en el lictorio serán los flechazos, sobrino con llanto arriará la enseña.

XLIV

El hijo natural de Ogmión, de siete a nueve del camino desviar: a rey de larga y amigable amistad para la gente, debe Navarra fuerte de Pau prosternar.

XLV

La mano escarpada y la pierna vendada, largos después nacido de Calais llevará, con la palabra de contraseña la muerte será retrasada, después en el templo en Pascua sangrará.

XLVI

Pol Mensole morirá a tres leguas del Ródano, huye las dos próximas tarascas destruidas: porque Marte hará el más horrible trono, de gallo y de águila de Francia hermanos tres.

XLVII

Lago Trasimeno aportará el testimonio, los conjurados se hallarán dentro de Perusa, uno de ellos se fingirá juicioso, matando al tedesco por el esternón y el rostro.

XLVIII

Saturno en Cáncer, Júpiter con Marte, dentro de febrero Caldondon salva tierra: asalto a Castallón asediado por tres flancos, cerca de Verbiesque conflicto mortal guerra.

XLIX

Saturno en buey juega en el agua, Marte en flecha, seis de febrero, mortalidad traerá, los de Cerdeña en Brujas tan grande brecha que en Ponteroso jefe Barbarino morirá.

L

La pestilencia alrededor de Capadille, otra hambre cerca de Sagón se prepara: el caballero bastardo de buen anciano, al grande de Túnez hará cortar la cabeza.

LI

El bizantino haciendo ofrenda, después de haber reconquistado Córdoba: su camino largo reposo tomado, mar atravesado proa por la colonia ocupada.

LII

El rey de Blois en Aviñón reinar, de Amboise y senilla vendrá a lo largo del Lindre: uña en Poitiers santas alas arruinar delante Boni... *(Verso incompleto en la versión original.)*

LIII

En Bolonia querrá expiar sus culpas, no podrá en el templo del Sol, volará haciendo cosas tan altas, en jerarquía no hubo uno a otro parecido.

LIV

Bajo el aspecto del tratado matrimonial, hecho magnánimo por gran Chyrén Selín, Quintín, Arrás recobrado en viaje, de españoles hecha segunda gran matanza.

LV

Entre dos ríos se verá encerrado, toneles y barriles unidos para pasar otra, ocho puentes rotos en jefe en tanto encerrado, niños perfectos son degollados con cuchillo.

LVI

La banda débil ocupará la tierra, los del alto lugar proferirán horribles gritos: el gran rebaño de seres en una esquina turbará, tumba cerca D. *nebro* descubiertos los escritos.

LVII

De soldado simple llegará al imperio, de ropa corta llegará a la larga: valiente con las armas en la iglesia a lo peor, vejar a los sacerdotes como el agua hace con la esponja.

LVIII

Reino en querella a los hermanos ha dividido, tomar las armas y el nombre británico, título anglicano será tardíamente avisado, sorprendido de noche guiar el aire gálico.

LIX

Por dos veces arriba, por dos veces puestos abajo, el Oriente también el Occidente desfallecerá, y cada adversario después de varios combates, por mar expulsado por necesidad cederá.

LX

Primero en Galia, primero en Romania, por mar y tierra a los Anglos y París: maravillosos hechos esta gran mesnada, violando tierras perderá el Norlaris.

LXI

Jamás por el descubrimiento del día, no llegará al signo cetrífero: que todas sus sedes no estén en permanencia, llevando al gallo don del Tao armífero.

LXII

Cuando se verá expoliar el santo templo, el más grande del Ródano sus sagrados profanar: para ellos nacerá pestilencia tan amplia, rey huido injusto no hará condenar.

LXIII

Cuando el adúltero abandonado sin golpe habrá magullado a la mujer y al hijo por despecho, mujer abatida, al hijo estrangulará: ocho cautivos hechos, degollarse sin respiro.

LXIV

Dentro de las islas dos niños serán conducidos, los dos de siete estarán desesperados, aquéllos del terruño serán soportados, nombre, piel presos de las ligas huye la esperanza.

LXV

El viejo frustrado en su principal esperanza, llegará a ser jefe de su imperio: veinte meses tendrá el reino bajo su poder, tirano, cruel dejando a uno peor.

LXVI

Cuando la escritura D.M. encontrada, y cueva antigua con lámpara descubierta, ley, rey y príncipe Ulpiano probados, pabellón cruel dejando a uno peor.

LXVII

Par. Car. Nersaf, existe ruina gran discordia, ni uno ni otro tendrán elección, Nersaf del pueblo tendrá amor y concordia, Fenara, Colonia gran protección.

LXVIII

Viejo cardenal por el joven decepcionado, fuera de su cargo se verá desarmado, Arlés no monstruos, doble sea apercibido, y licueducto y el príncipe embalsamado.

LXIX

Cerca del joven el viejo ángel bajar, y le vendrá a coronar al fin: seis años iguales al más viejo rebajar, de tres dos uno octavo serafín.

LXX

Entrará villano, mezquino infame, tiranizando Mesopotamia, todos amigos hecho de adulterina dama, tierra horrible negro de fisonomía.

LXXI

Crecerá tan grandemente el número de astrónomos, expulsados, desterrados y libros censurados, en el año mil seiscientos siete por sagradas bulas que ninguno en el sagrado será asegurado.

LXXII

Cam Perusino, ¡oh, la enorme derrota!, y el conflicto muy cerca de Rávena, pasaje sagrado cuando se hará la fiesta, vencedor vencido caballo comer avena.

LXXIII

Soldado bárbaro al gran rey herirá, injustamente alejado de la muerte, la avara madre del hecho causa será, conjurador y reino en gran remordimiento.

LXXIV

En tierra nueva mucho antes de entrado el rey, mientras tanto súbditos le vendrán a dar acogida, su perfidia habrá encontrado a uno tal, que a los ciudadanos lugar de fiesta y recogimiento.

LXXV

El padre y el hijo serán asesinados juntos, el perseguidor dentro de su pabellón: la madre en Tours del hijo vientre tendrá hinchado, esconde verdura de hojas mariposa.

LXXVI

Más carnicero que rey en Inglaterra, lugar oscuro nacido por fuerza tendrá el imperio: cobarde sin fe y sin ley desangrará la tierra, su tiempo se acerca tanto que yo suspiro.

LXXVII

El anticristo tres bien aniquilará, veintisiete años durará su guerra, los heréticos muertos, cautivos exiliados, sangre, cuerpos humanos, agua enrojecida, granizar tierra.

LXXVIII

Un Braganas con la lengua torcida vendrá de los dioses al santuario, a los heréticos él abrirá la puerta, suscitando la iglesia militar.

LXXIX

Quien a hierro padre perderá nacido de nonagenario, de Gorgón sobre ella estará manante la sangre: en tierra extraña hará que todo calle, quien se quemará a sí mismo y a su hijo.

LXXX

De los inocentes la sangre de viuda y virgen, tantos malos hechos por medio del gran Rojo, santos simulacros templados en ardiente cirio, de pavor miedo no verá a ninguno que se mueva.

LXXXI

El nuevo imperio en desolación, será cambiado del polo aquilonario, de Sicilia vendrá la emoción, enturbiar la empresa de Felipe, tributario.

LXXXII

Roedura larga, seco haciendo del buen criado, al final no tendrá más que su despido, mortal veneno, y cartas en el cuello, será cogido escapado en peligro.

LXXXIII

La más gran vela fuera del puerto de Zara, cerca de Bizancio hará su empresa, del enemigo pérdida y el amigo no estará, el tercero de dos hará gran pillaje y presa.

LXXXIV

Se escucharán los gritos de la Sicilia paterna, todos los preparativos del abismo de Trieste, quien se oirá hasta en la Trinacria, de tantas velas huye, huye la horrible peste.

LXXXV

Entre Bayona y San Juan de Luz, será puesto de Marte el promontorio, a los de Hanix de Aquilón, Nanar quitará luz, después sofocado en la cama sin auditorio.

LXXXVI

Por Hernani, Tolosa, Villa Franca, banda infinita por el monte Adrián, cruza río, Hutin por puente el escondrijo, Bayona entre todos Bichoro gritando.

LXXXVII

Muerte conspirada llegará a pleno efecto, carga entregada y viaje de muerte, Electa, creada, recibida por los suyos abatida. Sangre de inocencia ante la fe por remordimiento.

LXXXVIII

A Cerdeña llegará un noble rey, que sólo tendrá el reino durante tres años, muchos colores consigo aliará, el mismo después cuidado habiendo unido al enemigo.

LXXXIX

Para no caer en las manos de su tío, quien a sus hijos mató para reinar, rogando al pueblo, poniendo el pie sobre Pelúnculo muerto y arrastrado entre caballos engarillados.

XC

Cuando uno de los cruzados se encontró con el sentido turbado. En lugar sagrado verá un buey cornudo, por virgen cerdo su lugar será entonces colmado, por rey ninguna orden más será sostenida.

XCI

Se estremecen los campos de las entradas del Ródano, donde los cruzados serán casi unidos, los dos tirantes de arcilla encontrados, y un gran número por diluvio castigados.

XCII

Lejos fuera del reino situado en azaroso viaje, gran hueste para sí lo ocupará, el rey tendrá a un rehén cautivo de los suyos, y a su vuelta todo el país saqueará.

XCIII

Siete meses y no más obtendrá la prelatura, por su muerte gran cisma hará nacer: siete meses tendrá otro la pretura, cerca de Venecia paz unión renacer.

XCIV

Ante el lago donde el más querido fue echado de siete meses, y su huésped derrotado, serán los hispanos por los albaneses vencidos, por delación parte dando el conflicto.

XCV

El seductor será puesto en la fosa, y atado durante algún tiempo, el clero unido el jefe con su cruz, Picante diestra acogerá a los contentos.

XCVI

La sinagoga estéril sin ningún fruto, será recibida y entre los infieles de Babilonia la hija del perseguido, mísera y triste le cortará las alas.

XCVII

En los confines del Var cambiar el Pompoans, cerca de la orilla los tres bellos niños nacer, ruina al pueblo por edad competente. Reino en el país cambiar al verlo crecido.

XCVIII

Sangre de gente de la Iglesia será derramada, como agua en tan grande abundancia, y por largo tiempo no será restañada. Se verá en el clero ruina y dolor.

XCIX

Por la potencia de los reyes temporales, en otro lugar será situada la Santa Sede: donde la sustancia del espíritu corporal, será puesta y recibida por verdadera sede.

C

Por la abundancia del arma esparcida de arriba abajo por lo bajo a lo más alto: muy grande fe por juego perdida, de sed morir por abundante imperfección.

CENTURIA NOVENA

I

En la casa del traductor de Bourc serán encontradas cartas sobre la mesa, tuerto, pelirrojo, blanco, canoso contendrá el curso, quien cambiará al nuevo condestable.

II

De lo alto del monte Aventino voz oída, ¡fuera!, ¡marchaos de los dos lados!, de la sangre de los rojos será la ira saciada, de Rímini Prato, columna socavada.

III

La magna vaca en Rávena gran turbación, conducidos por quince encerrados en Fornase: en Roma nacerán dos monstruos con doble cabeza, sangre, fuego, diluvio, los más grandes en el espacio.

IV

Al año siguiente descubiertos por diluvio, dos jefes elegidos, el primero no aguantará, de huir sombra para uno de los dos el refugio, saquear choza quien primero se mantendrá.

V

Tercer dedo del pie al primero parecerá a un nuevo monarca de bajo arriba, quien Pisa y Lucca Tirano ocupará del precedente corregir el defecto.

VI

Por la Guyena infinidad de ingleses ocuparán por nombre Angloaquitania, de Languedoc Ispalme bordeleses, que ellos llamarán Barboxitania.

VII

Quien abra el monumento encontrado, y no venga a guardarlo prontamente, mal le llegará, y no podrá probar si mejor debe ser rey bretón o normando.

VIII

Después de coronado rey a su padre condenará a muerte, tras conflicto muerte muy deshonesta: escrito encontrado, sospecha dará remordimiento, cuando lobo expulsado se ponga a dormir.

IX

Cuando lámpara ardiente de fuego inextinguible será encontrada en el templo de las Vestales, niño hallado fuego, agua pasando por criba: Mines perecer en agua, Toulouse transtornar mercados.

X

Monje y monja de niño muerto expuesto, morir por osa, y raptado por porquerizo, por Foix y Pamies al campo será puesto contra Toulouse Carcasona levantar trincheras.

XI

Al justo se le condenará injustamente a muerte públicamente, y del medio ejecutado: tan grande peste en este lugar llegará a nacer, que los jueces se verán obligados a huir.

XII

Tan gran tesoro de plata de Diana y Mercurio, los simulacros en el lago serán hallados: el alfarero buscando arcilla nueva, él y los suyos de oro serán colmados.

XIII

Los exiliados alrededor de Solonia conducidos de noche para ir a Lauxois, dos de Módena truculento de Bolonia, puestos al descubierto por fuego de Burançois.

XIV

Puesto en llanura caldero de infectores, vino, miel y aceite, y batidos sobre hornillos, serán sumergidos, sin maldecir malhechores, sep. fum. extinguido por el cañón de ias fronteras.

XV

Cerca de Parpán los rojos detenidos, los del medio fundidos llevados lejos, tres despedazados, y cinco mal sostenidos, por el señor y prelado de Borgoña.

XVI

Del castillo franco saldrá la asamblea, el embajador no grato hará cisma: los de la ribera estarán en la refriega, y al gran abismo les negarán la entrada.

XVII

El tercero primero peor que hizo Nerón, será valiente sólo derramando sangre, reedificar hará el horno, siglo de oro muerto, nuevo rey gran escándalo.

XVIII

El lis Delfín llevará en Nancy, hasta en Flandes elector del imperio, nueva celada al gran Montmorency, fuera de los lugares intentando libertar con clara pena.

XIX

En medio del bosque Mayena, sol en Leo el rayo caerá, el gran bastardo nacido del grande del Maine, aquel día Fougeres punta en sangre entrará.

XX

De noche vendrá por el bosque de Reinas dos partes virado Heme la piedra blanca, el monje negro en gris en el interior de Varennes, elegido cabecilla, causa tempestad, fuego, sangre, degüelle.

XXI

En el alto imperio de Blois, sagrado Salonne, noche puente del Loira, prelado, rey disoluto, deseoso de victoria en las marismas del Saona, desde donde prelatura de blancos ligando.

XXII

Rey y su corte en el lugar de la lengua blanca, dentro del templo frente al palacio: en el jardín duque de Mantua y el Alba, Alba y Mantua puñal lengua y palacio.

XXIII

El segundón jugando al fresco bajo la glorieta, lo alto del techo en medio de la testa, el padre rey en el templo Sant Solonne, sacrificando consagrará humo de fiesta.

XXIV

Sobre el palacio en las rocas las ventanas, serán raptados los dos pequeños reales, los llevarán a Lutecia, claustros de Denís, monjas, les harán tragar nueces verdes.

XXV

Atravesando los puentes, llegar cerca de los rosales, tarde arribando más bien que él cuidará, vendrán los aliados españoles a Beziers, que en esta caza la empresa fallará.

XXVI

Niza salida sobre nombre de las cartas ásperas, la gran capa hará obsequio no suyo: cerca de Voltri en los muros de verdes alcaparras, después de Plombín el viento en popa.

XXVII

Del bosque la guardia, viento cerrado redondo puente será, alto el recibido herirá al Delfín, el viejo tenaz bosques unidos atravesará, pasando más allá del duque el derecho confín.

XXVIII

Vela Simacle puerto Masiólico, en Venecia puerto marchar hacia los Panones: partir del golfo y Seno Ilírico, devastación en Sicilia, Lígures cañonazos.

XXIX

Cuando aquel a quien nadie da plaza, abandonar querrá lugar tomado no tomado: fuego, nave por sangres, en Charlieu embetunamiento, serán Quintín y Balez vueltos a ocupar.

XXX

En el puerto de Puola y San Nicolás, peligro normando en el golfo Fanático, cap. de Bizancio calles gritar "¡ay de mí!", socorro de Gales y del gran Filípico.

XXXI

El temblor de tierra en Mortara, Cassich San Jorge medio destruido: paz adormecida, la guerra despertará, en el templo en Pascua abismos hundidos.

XXXII

De fino pórfido profundo filón encontrado, bajo la lastra escritos capitolinos: huesos pelo retorcidos romano fuerza probada, flota agitar en el puerto de Metelín.

XXXIII

Hércules, rey de Roma y de Dinamarca, de Galia Guión muy cognominado, temblar Italia y la onda de San Marcos, primero sobre todos monarca renombrado.

XXXIV

El partido marido sólo será mitrado, retorno conflicto pasará sobre el tejado: por quinientos un traidor será titulado, Narbona y Saulce por condados tenemos fuerza.

XXXV

Ferdinanda rubia estará en desacuerdo deja la flor, sordidez el Macedonio: en la gran necesidad desfallecerá su camino, y marchará contra el Mirmidón.

XXXVI

Un gran rey atrapado entre las manos de un Ioyne, no lejos de Pascua confusión cuchillada: perpetuos cautivos que rayó en el odio, cuando tres hermanos se herirán y homicidio.

XXXVII

Puentes y molinos en diciembre destruidos, y hasta un tan alto lugar subirá el Garona: muros, edificio, Toulouse derribados, que nadie sabrá su lugar otro tanto la matrona.

XXXVIII

La entrada de Balye por Rochelle y el Inglés, pasará más allá el gran Emaciano, no lejos de Agen esperará el galo, socorros Narbona engañado por conversación.

XXXIX

En Arbissel a Veront y Carcari, de noche conducidos por Savona capturar, el avispado gascón Turby, y la Scerry, tras muro viejo y nuevo palacio afectar.

XL

Cerca de Quintín en el bosque espeso, en la abadía estarán los flamencos atrincherados: los dos hermanos menores de golpes medio aturdidos, en seguida apresados y guardias todos heridos.

XLI

El gran Chyrén se apoderará de Aviñón, de Roma cartas en miel lleno de amargura, carta embajada salir de Chaniñón, Carpentras tomado por duque negro roja y pluma.

XLII

Desde Barcelona, desde Génova y Venecia, de la Sicilia peste Monet, unidos: contra bárbara armada tomarán el frente, bárbaro arrojado muy lejos hasta Túnez.

XLIII

Próximo a liquidar el ejército crucífero, será espiado por los ismaelitas, de todos lados batido por nave Raviera, pronto asaltados por diez galeras elegidas.

XLIV

Emigrad, emigrad de Ginebra todos, Saturno de oro en hierro se cambiará, contra el Raypoz, exterminará a todos, antes del adviento el cielo señales hará.

XLV

Nunca estará harto de pedir, gran Mendosus obtendrá su imperio, lejos de la corte hará contramandar, Piamonte, Picardía, París, Tyron el peor.

XLVI

Huid, huid de Toulouse los rojos, del sacrificio hacer penitencia, el jefe del mal a la sombra de las calabaceras, muerto estrangular carne abominación.

XLVII

Los suscritos de indigna liberación, y de la multa tendrán aviso contrario: cambio monarca puesto en serio peligro, encerrado en aula se verán cara a cara.

XLVIII

La gran ciudad del océano marítimo, rodeada de almenas de cristal: en el solsticio invernal y la primavera, será tentada de viento espantoso.

XLIX

Gante y Bruselas marcharán contra Amberes. Senado de Londres condenarán a muerte a su rey, la sal y el vino le serán negados, para ellos tener el reino en desorden.

L

Mendosus pronto llegará a su alto reino, dejando un poco atrás los Norlaris: el rojo palidece, el varón en el interregno, el joven temor y espanto en Barbaris.

LI

Contra los rojos sectas se alinearán, fuego, agua, hierro, cuerda por paz se minará, al punto morir los que maquinaron, salvo uno que al mundo sobre todo arruinará.

LII

La paz se aproxima por un lado, y la guerra, nunca fue la persecución tan grande, quejarse el hombre, mujer, sangre inocente por tierra, y esto será por Francia a toda banda.

LIII
El joven Nerón en las tres chimeneas hará pajes vivos para lanzar arder: feliz quien lejos estará de tales luchas, tres de su sangre le hará de muerte acechar.

LIV
Llegará al puerto de Corsibona, cerca de Rávena, que saqueará la dama, en mar profundo legado de Lisboa, bajo roca escondidos reptarán setenta almas.

LV
La horrible guerra que en Occidente se prepara, al año siguiente vendrá la pestilencia tan fuerte y horrible, que ni joven, ni viejo, ni bestia, sangre, fuego, Mercurio, Marte, Júpiter en Francia.

LVI
Campo cerca de Noudam pasará Goussan ciudad, y en Malotes dejará su enseña, convertirá en un instante más de mil, inventando volver a poner a los dos en cadena y argolla.

LVII
En lugar de Drux un rey reposará, y buscará ley cambiando de anatema, mientras el cielo tronará tan fuertemente, nueva pérdida rey se matará a sí mismo.

LVIII
Al lado izquierdo de la zona de Vitry serán acechados los tres rojos de Francia, todos los rojos matados a golpes, negro no asesinado, por los bretones puesto a seguro.

LIX
En la Ferté tomará la Vidame Nicole teñido de rojo que había producido la vida, la gran Loyla nacerá que tendrá renombre, dando Borgoña a bretones por tedio.

LX
Conflicto bárbaro en la cornisa negra, sangre derramada, temblar la Dalmacia, Gran Ismael pondrá su promontorio, Ranes temblar, socorros Lusitania.

LXI

La rapiña hecha en la costa marina, incita nuevos ataques y padres llevados, muchos de Malta por el hecho de Mesina, estrechos encerrados estarán mal guardados.

LXII

En la gran ágora de Cheramón, estarán cruzados atados todos por filas, el pertinaz Opi, y Mandrágora, rojizo de octubre el tercero harán soltar.

LXIII

Quejidos y lloros, gritos y grandes alaridos, cerca de Narbona en Bayona y en Foix, ¡oh, qué horribles y calamitosos cambios!, antes de que marzo sea cumplido algunas veces.

LXIV

El Emaciano pasará los montes Pirineos, en marzo, Narbona no hará resistencia, por mar y tierra hará tan gran lucha, jefe no teniendo tierra segura para permanencia.

LXV

En el rincón de la Luna vendrá a posarse, donde será apresado y llevado a tierra extraña, los frutos inmaduros darán un gran escándalo, gran vituperio, a uno gran alabanza.

LXVI

Paz, unión será y cambio, estados, ministerios, bajo alto, y alto muy bajo, preparar viaje, el fruto primer tormento, guerra cesar, procesos civiles debatidos.

LXVII

Desde lo alto de los montes alrededor de Lizere, puerto en roca Valent cien reunidos, de Chateauneuf Pedro junto con doncella, contra el Crest Romans hace asamblea.

LXVIII

Desde el monte Aymar habrá noble oscurecimiento, el mar llegará en la confluencia del Saona y Ródano, en bosque escondidos soldados día de Lucía, quien no estuvo nunca en un tan horrible trono.

LXIX

Sobre el monte de Bailly y la Bresle, estarán escondidos de Grenoble los fieros, más allá de Lyon, Viena ellos tan gran pedrisco, de las gotas en tierra permanecerá un tercio.

LXX

Instrumentos cortantes en las antorchas escondidos en Lyon el día del Sacramento, los de Viena estarán todos muy pronto descuartizados por los cantones latinos, Mascon no miente.

LXXI

En los lugares sagrados muchos animales son vistos, con el que en día no se atreverá, en Carcasona por desgracia propicia, será puesta para una más amplia morada.

LXXII

Todavía serán los santos templos profanados, y expoliados por Senado Tolosano, Saturno dos tres ciclos cumplidos, en abril, mayo, personas de nuevo germen.

LXXIII

En Foix entrado rey denominado Turban, y reinará menos evolucionado Saturno, rey Turban blanco Bizancio desterrado corazón, Sol, Marte, Mercurio cerca de la urna.

LXXIV

En la ciudad de Fertsod homicidio, hecho y no hecho muchos bueyes antes matarlos, vuelta todavía a los honores de Artermida, y en Vulcano cuerpos muertos sepultar.

LXXV

De Ambraxia y del país de Tracia, pueblo por mar, mal y socorros galos, perpetua en Provence Tracia, con vestigios de sus costumbres y leyes.

LXXVI

Con el negro Rapax y sanguinario, salido del lecho del inhumano Nerón, entre dos ríos mano izquierda militar, será asesinado por Ione el calvo.

LXXVII

El reino capturado el rey convidará, la dama capturada a muerte jurados a su suerte, la vida a hijo de reina se negará, y la pelliza al fuerte del bienestar.

LXXVIII

La dama griega de belleza encantadora, feliz revestida de virtudes innumerables, fuera trasladada del reino hispánico, cautiva tomada morir de muerte miserable.

LXXIX

El jefe de la flota por fraudulenta estratagema, hará tímido salir de sus galeras, salidos muertos jefe renegado violentamente, después por la emboscada le devolverán las monedas.

LXXX

El duque querrá exterminar a los suyos, enviar a los más fuertes a lugares extraños, por tiranía Bize y Luc arruinar, después los bárbaros sin vino harán vendimias.

LXXXI

El rey astuto comprenderá sus artimañas, de tres lados diferentes enemigos atacar, un número extraño lágrimas de espasmos, vendrá Liemprin del traductor atacar.

LXXXII

Por el diluvio y pestilencia fuerte, la ciudad grande por largo tiempo asediada, el centinela y la guardia a mano muertos, súbitamente capturada, pero en absoluto ultrajada.

LXXXIII

Sol veinte de Tauro tan fuerte la tierra temblar, el gran teatro atestado se arruinará, el aire, cielo y tierra oscurecer y enturbiar, entonces Dios y sus santos al infiel arrollará.

LXXXIV

Rey expuesto rematará la hecatombe, después de haber encontrado su origen, torrente abrir mármol y plomo la tumba, de un gran romano de enseña Medusina.

LXXXV

Atraviesa Guiennle, Languedoc y el Ródano, de Agen los amos de Marmanda y la Roole, de abrir por fuego pared, Foceo tendrá su trono, conflicto próximo a San Pol de Manseole.

LXXXVI

Del burgo Lareyne llegarán directamente a Chartres, y harán cerca del puente Antonio parada, siete para la paz cautelosa como Martres, harán entrada militar en París clausurado.

LXXXVII

Por el bosque de Toufon desbrozada, por la ermita será puesto el templo, el duque de Estempes por su ardid inventado, del monte Lehori prelado dará ejemplo.

LXXXVIII

Calais, Arrás, socorros a Theoranne, paz y apariencia simulará la escucha, tropa de Alóbroges descenderá por Ruán, el desviado pueblo que desandará la ruta.

LXXXIX

Siete años tendrá Felipe fortuna próspera, rechazará de los árabes el esfuerzo, después su perplejidad en mediodía asunto complicado, joven ogmión hundirá su fuerza.

XC

Un capitán de la gran Germania vendrá a rendirse por simulado socorro: al rey de los reyes ayuda de Pannoia, que su revuelta hará de sangre gran curso.

XCI

La horrible peste Perinto y Nicópolis, el Queroneso resistirá y Marcelonia, Tesalia devastará Anfípolis, mal desconocido, y el rechazo de Antonio.

XCII

El rey querrá en ciudad nueva entrar, por enemigos se le llegará a expugnar: cautivo liberado falso decir y perpetrar, rey fuera estar, lejos de enemigos se sostendrá.

XCIII

Los enemigos del fuerte muy alejados, mediante carromatos conducido el bastión, por sobre los muros de Bourges hechos pedazos, cuando Hércules derrote al Emación.

XCIV

Débiles galeras serán unidas juntas, enemigos falsos el más fuerte en fortificación: débiles asaltos, Bratislavia temblar, Lubec y Misia tendrán bárbara parte.

XCV

El nuevo hecho conducirá el ejército, próximo abatido hasta cerca de la orilla, aguardando socorros de la Milanesa elite, duque falto de ojos en Milán hierro de jaula.

XCVI

En ciudad entrar ejército rechazado, duque entrará por persuasión, a los débiles portones clamores ejército llevado, prenderán fuego, muerte, de sangre efusión.

XCVII

De mar tropas en tres partes divididas, a la segunda víveres le faltarán, desesperados buscando Campos Elíseos, primeros por brecha entrados victoria alcanzarán.

XCVIII

Los afligidos por falta de un solo envite, contraguiando a la parte opuesta, a los ligoneses mandará que obligados tendrán que rendirse al gran jefe de Molita.

XCIX

Viento Aquilón hará partir la sede, por muros lanzar cenizas, cal y polvo: por lluvias después, que les causará bastante perjuicio, último socorro encuentra en su frontera.

C

Naval pugna noche será superada, el fuego, a las naves en Occidente ruina: rúbrica nueva, la gran nave colorada, irá al vencido, y victoria en brumas.

CENTURIA DÉCIMA

I

Al enemigo, el enemigo fe prometida, no se tendrá, los cautivos retenidos: capturados, apremia la muerte, y el resto en camisa, condenado el resto para ser sostenidos.

II

Vela galera vela de nave esconderá, la gran flota llegará a hacer salir la pequeña, diez naves cercanas la volverán a empujar, grande vencida unidas a su alrededor unir.

III

Y después no pondrá fuera cinco rebaños, un fugitivo para Penelón dejará, falso murmurar, socorro venir por entonces, el jefe la sede entonces abandonará.

IV

Hacia la medianoche conductor de la armada, se salvará súbitamente desvanecido, siete años después censurada, a su vuelta no dirá más que sí.

V

Albi y Castres crearán nueva liga, nuevos arrianos Lisboa y portugueses, Carcas, Toulouse consumirán su intriga, cuando jefe nuevo monstruo de Lauragnes.

VI

Sardón, Nemas tan alto desbordarán, que se deseará Deucalión renacer, en el coloso la mayoría huirán, vesta sepulcro fuego extinto resurgir.

VII

El gran conflicto que se prepara en Nancy, el Emaciano dirá "todo yo someto", la Isla Británica por vino, sal en abundancia, hem. mi. dos Phi. por largo tiempo no ocupará Metz.

VIII

Índice vulgar fundirán la frente de Senegalia el conde a su propio hijo, la Myrnamea por muchos señalada la frente, tres en siete días heridos de muerte.

IX

De Castellón higueras de brumas, de mujer infame nacerá soberano príncipe, sobrenombre de calzado para sí mismo póstumo, nunca hubo rey tan peor en su provincia.

X

Labor de muerte, enormes adulterios, gran enemigo de todo el género humano, que será peor que abuelos, tíos, ni padres, en hierro, fuego, agua, sanguinario en inhumano.

XI

Bajo La Junquera del paso peligroso, hará pasar el póstumo a su tropa, los montes Pirineos pasar fuera su bagaje, de Perpiñán correrá el duque a Tende.

XII

Elegido Papa, de elegido será mofado, súbita y repentinamente emocionado presto y tímido, por demasiado bueno dulce a morir provocado, temor extinguido la noche de su muerte guía.

XIII

Bajo los pastos de animales rumiantes, por ellos conducidos al vientre herbipólico, soldados escondidos, las armas haciendo ruido, no lejos tentados de la ciudad Antopólica.

XIV

Urnel Vaucile sin consejo de sí mismo, atrevido tímido, por miedo preso, vencido, acompañado de muchas rameras pálidas, en Barcelona a los cartujo convencido.

XV

Padre duque viejo en años y de sed cargado, el último día hijo rechazado el vaso, dentro del pozo vino muerto será sumergido, Senado al hijo la muerte larga y ligera.

XVI

Felices en el reino de Francia, felices de vida, ignorando sangre, muerte, furor y rapiña, por no aduladores será puesto en envidia, rey ocultado, demasiado hígado en cocina.

XVII

La reina Ergaste viendo su hija pálida, por un pesar en el estómago cercado, gritos lamentables habrán entonces en Angulema, y al germano matrimonio excluido.

XVIII

El rango lorenés cederá plaza a Vendome, lo alto puesto abajo, y lo de abajo puesto alto, el hijo de Hamón será elegido en Roma, y los dos grandes habrán fracasado.

XIX

Día que será saludado por reina, el día después del saludo, la oración: la cuenta hecha razón y balbuceada, por antes humilde nunca fue tan fiera.

XX

Todos los amigos que habrán tomado partido, por rudo en cartas puesto muerto y saqueado, bienes olvidados por fijo gran aniquilación, nunca el pueblo romano fue tan ultrajado.

XXI

Por el despecho del rey sosteniendo lo inferior, será herido presentándole anillos; el padre al hijo queriendo nobleza inspirar, hace, como en Persia en su día hicieran los Magos.

XXII

Para no querer consentir en el divorcio, quien luego después será conocido indigno, el rey de las islas será expulsado por la fuerza, puesto en su lugar quien de rey no tendrá señal.

XXIII

Al pueblo ingrato hechas las amonestaciones, por aquel entonces el ejército se apoderará de Antibes, en el arco Mónaco harán las reclamaciones, y en Frejus uno y otro tomará Ribe.

XXIV

El cautivo príncipe en las Italias vencido, pasará Génova por mar hasta Marsella, por gran esfuerzo de extraños sobrevencido, salvo disparo barril de licor de abejas.

XXV

Por Nebri abrir de Brisanne paso, bien alejados la habladuría hará aparición, en Pelligouse será cometido ultraje, de la gran dama sentada sobre la orquesta.

XXVI

El sucesor vengará a su cuñado, ocupar reino bajo sombra de venganza, destruido obstáculo su sangre muerte vitupera, largo tiempo Bretaña estará con Francia.

XXVII

Por el quinto y uno gran Hércules, vendrán a abrir el templo con mano bélica, un Clemente, Julio y Ascans retirados, la espada, llave, águila, no tuvieron tan gran lucha.

XXVIII

Segundo y tercero que hacen primera música, será por rey en honor sublimado, por grueso y flaco casi médica ética, informe de Venus falso volverá deprimido.

XXIX

De Pol Mansol en caverna capruna, escondido y capturado sacado fuera por la barba, cautivo llevado como bestia mastín, por Begourdans llevado cerca de Tarbes.

XXX

Sobrino y sangre del santo recién llegado, por el sobrenombre sostienen arcos y cubierto, serán expulsados y condenados a muerte arrojados desnudos, en rojo y negro convertirán su verde.

XXXI

El santo imperio llegará a Germania, ismaelitas encontrarán lugares abiertos, asnos querrán también la Carmania, los sustentantes de tierra todos cubiertos.

XXXII

El gran imperio cada año debía estar, uno sobre otros llegará a obtenerlo: pero poco tiempo durará su reino y ser, dos años a las naves se podrá aguantar.

XXXIII

La facción cruel con vestido largo, vendrá a esconder debajo de puntiagudos puñales: tomar Florencia el duque y lugar inflamado, su descubrimiento por inmaduros y desleales.

XXXIV

Galos que imperio por guerra ocupará, por su cuñado menor será traicionado, por caballo rudo volteando arrastrará, de hecho el hermano por mucho tiempo será odiado.

XXXV

Segundón del rey flagrante de ardiente libido, para él mismo gozar de su prima hermana: vestido de mujer en el templo de Artemisa, viajero herido por desconocido del Maine.

XXXVI

Después el rey del Soucq hablando de guerras, las islas Harmóticas le tendrán en menosprecio: algunos buenos años royendo uno y robando, por tiranía en la isla cambio tomado.

XXXVII

La gran asamblea cerca del lado de Borget, se reunirán cerca de Montemelián: yendo más allá los pensadores harán proyecto, Chambery Moriane combate San Julián.

XXXVIII

Amor alegre no lejos sitúa la sede, para el santo Bárbaro serán las guarniciones: Ursinos Hadria para galos harán trampa, por miedo rendidos de la armada a los Grisones.

XXXIX

Primer hijo de la viuda desgraciado matrimonio, sin ningún hijo dos islas en discordia, antes de dieciocho incompetente edad, del otro cerca más bajo será el acuerdo.

XL

La joven nacida en el reino británico, que habrá recomendado al padre agonizante, aquel muerto Lonole dará tópico, y a su hijo el reino demandado.

XLI

En la frontera de Caussade y Charlus, no demasiado lejos del fondo del valle, de villa franca música a son de laúdes, rodeados Combouls y la gran embajada.

XLII

El reino humano de Anglica progenie, hará su reino paz y unión tener: cautiva guerra mitad de su clausura, largo tiempo la paz les hará mantener.

XLIII

El demasiado buen tiempo demasiada bondad real, hace y deshace pronto súbita negligencia: ligero creerá lo falso de esposa leal, le condena a muerte por su benevolencia.

XLIV

Por entonces que un rey estará contra los suyos, nativo de Blois subyugará ligures, Menmel, Córdoba y los dalmacianos, de siete después la sombra al rey dádivas y lémures.

XLV

La sombra del reino de Navarra, no verdadero, hará la vida en trono ilegítimo: el deseo prometido incierto de Cambrai, rey Orleáns dará muro legítimo.

XLVI

Vida sale muerte del oro villana indigna, de Sajonia será no nuevo elector: de Brunswick mandara de amor signo, volviendo falso al pueblo seductor.

XLVII

De Bourze a la dama Guyrlande, se le situará en alto lugar por la traición hecha, el gran prelado de León por Formande, falsos peregrinos y raptor abatido.

XLVIII

De lo más hondo de la enseña de España, saliendo del final y de los confines de Europa, tumultos ocurriendo junto al mar de Laigne, será derrotada su gran tropa por banda.

XLIX

Jardín del mundo junto a la ciudad nueva, en el camino de montañas socavadas será asido y sumergido en la cuba, bebiendo por la fuerza aguas envenenadas con sulfuro.

L

El Mosa al día tierra de Luxemburgo, descubrirá Saturno y tres en la urna: montaña y llano, villa, ciudad y burgo, Lorena diluvio, traición por gran urna.

LI

De los lugares más bajos del país de Lorena, serán unidas las bajas Alemanias: por los de la sede Picardos, normandos del Maine, y en los cantones se habrán reunido.

LII

En el lugar donde Laye y Escalda se casan, serán las nupcias manejadas largo tiempo: en el lugar de Amberes donde las aguas corren, joven vejez consorte incontaminado.

LIII

Los tres pellejeros de lejos se batirán, la más grande menor quedará a la escucha: el gran Selín no será más jefe, lo nombrará fuego peltre blanca ruta.

LIV

Nacida en este mundo de fugaz concubina, a dos en alto situada por las tristes noticias, entre enemigos será tomada cautiva, conducida a Malinas y Bruselas.

LV

Las desgraciadas nupcias se celebrarán en medio de gran alegría; pero el final desgraciado, María madre y nuera, desdeñarán, el Phibe muerto, y nuera más lastimada.

LVI

Prelado real su salud disminuyendo demasiado, gran flujo de sangre saldrá por su boca, el reino Ánglico por reino respirado, largo tiempo muertos en Túnez como cepa.

LVII

El sublevado no conocerá su cetro, los hijos jóvenes de los mayores infamará: y nunca existió un ser más cruel, para sus esposas a muerte negro desterrará.

LVIII

En tiempo de duelo felino monarca, guerreará contra la joven Emaciana: Galia sacudir, hundir la barca, tiendas focenses en la conversación Poniente.

LIX

En Lyon veinticinco de un hálito, cinco ciudadanos germanos, brescianos, latinos: a escondidas del noble conducirán larga ristra, y descubiertos por ladridos de mastines.

LX

Lloro por Niza, Manego, Pisa, Génova, Savona, Siena, Capua, Módena, Malta; por encima sangre, y espada como propina, fuego, temblar, tierra, agua, desgraciada señal.

LXI

Betta, Viena, Emorre Sacarbance, querrán entregar a los bárbaros Pannonia: de fuego y sangre en ciudad de Bizancio, los conjurados descubiertos por matrona.

LXII

Cerca de Sorbín para atacar Hungría, el heraldo de Brudes los vendrá a advertir: jefe bizantino, Sallón de Esclavonia, a ley de árabes los vendrá convertir.

LXIII

Cydrón, Ragusa, la ciudad de San Hierón, reivindicará el mendicante socorro: muerto hijo de rey por muerte de dos garzas, Arabia, Hungría seguirán un mismo camino.

LXIV

Llora Milán, llora Luca, Florencia, que tu gran duque sobre el carro montará, cambiar la sede cerca de Venecia se avanza, cuando Colonia a Roma cambiará.

LXV

¡Oh, vasta Roma!, tu ruina se acerca, no de tus muros, de tu sangre sustancia: el áspero por cartas hará tan horrible mezquindad, hierro puntiagudo hundido a todos hasta el mango.

LXVI

El jefe de Londres por reino América, la isla de Escocia te perjudicará por helada: rey Reb tendrán un tan falso anticristo, que les meterá a todos en la disputa.

LXVII

El temblor tan fuerte en el mes de mayo, Saturno, Capricornio, Júpiter, Mercurio en buey: Venus, también Cáncer, Marte en Monnay, caerá pedrisco entonces más grueso que un huevo.

LXVIII

La armada del mar ante la ciudad aguantará, después partirá sin hacer un largo recorrido: ciudadanos gran presa en tierra tomarán, volver flota proseguir con gran empuje.

LXIX

El hierro luciendo de nuevo viejo ensalzado, serán tan grandes por el Medio Aquilón: de su propia hermana grandes alas alzadas, huyendo magullado al bosquecillo de Ambelón.

LXX

El ojo por objeto hará tal excrecencia, tanta y ardiente que caerá la nieve: campo irrigado llegará su decadencia, que el primado sucumbirá en Rege.

LXXI

La tierra y el aire helarán tan gran agua, cuando se vaya por jueves venerar: lo que nunca será ni fue tan bello, de las cuatro partes le vendrán a honrar.

LXXII

El año mil novecientos noventa y nueve siete meses, del cielo arribará un gran rey de horror: resucitar el gran rey de Angolmois, antes después Marte reinar por felicidad.

LXXIII

El tiempo presente con el que fue pasado, será juzgado por gran jovialista: el mundo tarde le habrá cansado, y desleal por la clerecía jurista.

LXXIV

Con el cumplimiento del gran número séptimo, aparecerán en el tiempo juegos de Hecatombe, no alejados de la gran edad milésima, que los entrados saldrán de sus tumbas.

LXXV

El tan esperado no volverá jamás, en el interior de Europa, en Asia aparecerá, uno de la liga salido del gran Hermes, y sobre todos los reyes de Oriente crecerá.

LXXVI

El gran Senado concederá la pompa, a uno que después de vencido será expulsado, sus partidarios serán a son de trompetas. Bienes publicados, enemigos desterrados.

LXXVII

Treinta partidarios del orden de los quirites desterrados, sus bienes entregados a sus adversarios, todos sus beneficios serán para deméritos, flota dispersa entregada a los corsarios.

LXXVIII

Súbita alegría en súbita tristeza, será en Roma por las gracias concedidas, luto, gritos, lloros, lágrimas, sangre, excelente unión, contrarias bandas sorprendidas y desarticuladas.

LXXIX

Los viejos caminos serán todos embellecidos, se le pasará a Menfis advertencias: el gran Mercurio de Hércules flor de lis, haciendo temblar tierra, mar y regiones.

LXXX

En el gran reino del gran reino reinante, por la fuerza de las armas las grandes puertas de bronce hará abrir, el rey y duque unidos, puerto demolido, nave en el fondo, día sereno.

LXXXI

Puesto tesoro templo ciudadanos hespéricos, en este lugar retirado en secreto: el templo abrir las cadenas famélicas, recobrado, arrebatado, presa horrible en el medio.

LXXXII

Gritos, lloros, lágrimas vendrán con cuchillos, pareciendo huir, darán el último asalto: en los parques de los alrededores plantas profundos bancales, vivos rechazados y maltrechos en el asalto.

LXXXIII

De combatir no se dará la señal, del parque serán obligados a salir fuera: de Gante en los alrededores será conocida la enseña, que hará condenar a todos los suyos a muerte.

LXXXIV

Lo natural a tan alto no baja, la vuelta tardía hará maridos contentos: el Recloing no estará sin debates, empleando y perdiendo todo su tiempo.

LXXXV

El viejo tribuno al borde de la angustia será apresado, cautivo no liberar, el viejo no viejo, el mal hablando tímido, por legítimo a sus amigos entregado.

LXXXVI

Como un buitre vendrá el rey de Europa, acompañado de los de Aquilón, de rojos y blancos conducirá gran tropa, e irán contra el rey de Babilonia.

LXXXVII

Gran rey vendrá a capturar puerto cercano a Niza, el gran imperio de la muerte tanto lo hará, en las Antípodas pondrá su novillo, por mar la Pille todo se desvanecerá.

LXXXVIII

Pies y caballo en la segunda vigilia harán su entrada devastando todo por el mar: en el puerto de Marsella entrará, lloros, gritos, sangre, nunca ningún tiempo tan amargo.

LXXXIX

De ladrillo en mármol serán los muros reducidos, siete y cincuenta años pacíficos: alegría para los humanos, renovado el acueducto, salud, grandes frutos, alegría y tiempos maléficos.

XC

Cien veces morirá el tirano inhumano, puesto en su lugar sabio y bonachón, todo el Senado estará bajo su mano, provocado será por temerario maligno.

XCI

Clero romano el año mil seiscientos y nueve, al jefe del año hará elección: de un gris y negro de la Compañía salido, que nunca nadie fue tan maligno.

XCII

Ante el padre el hijo será matado, el padre después entre cuerdas de junco, genovés pueblo estará destrozado, yaciendo el jefe en medio como un tronco.

XCIII

La barca nueva recibirá los viajes, allá y luego transferirán el imperio: Beaucaire, Arlés retendrán a los rehenes, cerca dos columnas halladas de pórfido.

XCIV

De Nimes, de Arlés y Viena contener, no obedece todo al edicto de Hespérico: a los labrados para el grande condenar, seis escapados en hábito seráfico.

XCV

A las Españas llegará rey muy poderoso, por mar y tierra subyugando nuestro Midi: éste mal hará, rebajando el cuarto creciente, bajar las alas a los del viernes.

XCVI

Religión de los mares vencerá, contra la secta hijo Adaluncativo, secta obstinada deplorada temerá, de los dos heritos por Aleph y Aleph.

XCVII

Trirremes llenas de cautivos de toda edad, tiempo de bueno a malo, lo dulce por amargura: botín para los bárbaros demasiado pronto tendrán dispuesto, ávido de ver lamentarse al viento la pluma.

XCVIII

El esplendor claro de doncella alegre no lucirá más, largo tiempo, estará sin sal: con mercaderes, rufianes, lobos odiosa, todos casi mezclados monstruo universal.

XCIX

El fin el lobo, el león, buey y el asno, tímida dama estarán con mastines: mas no caerá para ellos el dulce maná, más vigilancia y custodia para los mastines.

C

El gran imperio será para Inglaterra, el Pempotán de los años más trescientos: grandes tropas pasar por mar y tierra, los lusitanos no estarán de ello contentos.

ÍNDICE

OTROS TITULOS PUBLICADOS

CONOZCA SU CARACTER A TRAVES DEL ZODIACO
HISTORIAS DE HORROR
LIBRO SUPREMO DE LOS SUEÑOS
MAGIA BLANCA
MAGIA NEGRA
MAGIA ROJA
PODER MISTICO DE LAS VELAS
RECETARIO DE MAGIA BLANCA
SUEÑOS Y SU SIGNIFICADO
EL LIBRO DE LOS HOROSCOPOS
EL KYBALION
EL TAROT Y SUS SECRETOS
LA MAGIA DE LAS VELAS
EL LIBRO DE LOS ANGELES (camino de la luz)
LOS ANGELES Y TU
PODER CURATIVO DE CUARZOS Y GEMAS
INTERPRETACION DE LOS SUEÑOS Y PESADILLAS
RECETARIO MEDICINAL AZTECA

Esta obra se termino de imprimir
en Noviembre del 2010 en los
talleres de Offset Efectivo, S.A. DE C.V.
Plaza del árbol No. 7 Col. Dr. Alfonso Ortiz Tirado
C.P. 09020 México, D.F.
Tiro 1,000 ejemplares más sobrantes